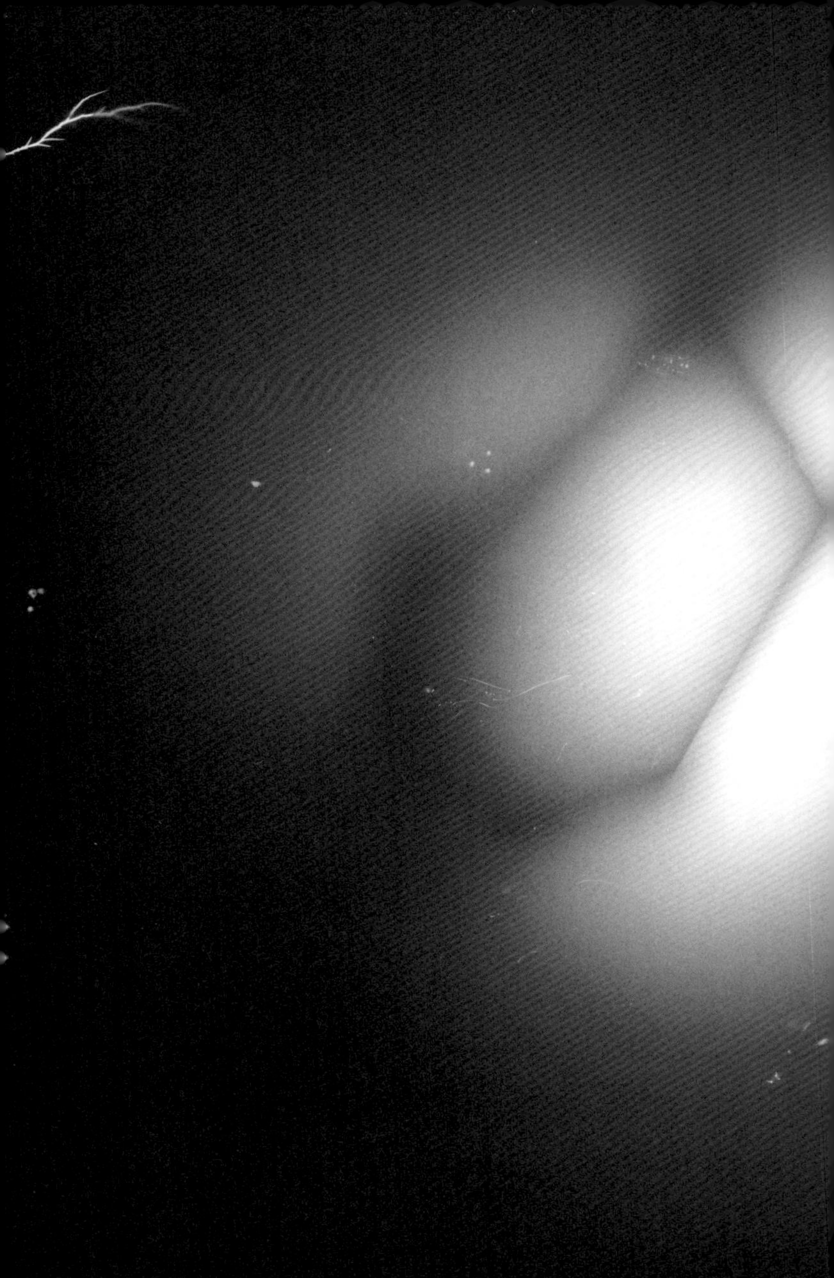

Lutz Seiler

pech & blende

was uns anblies aus grossen, bevölkerten bäumen
war von haus aus vertieft
in die zeit der gespräche, baumsprache
war baumkuchen und lag
schwer zu haus, wie ausgeruhter knochen, der
wie wir kinder oft riefen vor deiner zeit
unterwegs gewesen war, der die felder durchschritten

und beatmet hatte, den wir nun
lang und gern zu loben wussten und sahen
dass auch vater ihm gut war, ihn
eine stütze der erinnerung, ein stellwerk
seines herzens nannte und saatgut
kaum noch geläufiger schritte, der ketten-
fahrzeuge, der erze und öle, heraus gebrochen

aus dem quartier seines gehens, weit hinter
den dämmen von culmitzsch, weit heraus
gerissen aus einer seltenen arbeit bei selingstädt
mit russischen erzen und ölen, und obwohl
wir selbst längst hätten schlafen müssen
drängten wir zu mutter hinunter, wenn vater
nachts umherging und schrie
          den kochen das weiss das waren die knochen
          mit russischen ölen und erzen
wo sagten wir uns, er wittert das erz, es ist der knochen, ja

er hatte die halden bestiegen
die bergwelt erkannt, die raupenfahrt, das wasser, den schnaps
so rutschte er heimwarts, erfinder des abraums
wir hören es ticken, es ist die uhr, es ist
sein geiger zähler herz

Lutz Seiler

Translation by Alexander Booth

pitch & blende

what breathed to us out of the large, tenanted trees
came anchored deep from home
into the time of conversations, tree-talk
was tree-cake and weighed
heavily at home, like a rested bone which
like us kids often called out before the time
you went upon your way, cutting through the fields

and breathing, the one by
then we knew how to praise and saw
that father also liked, it was
a memory crutch, the thing he called the
signal tower of his heart and seeds
barely familiar steps, the tracked-
vehicles, the ores and oils, broken

out of the district of his going, far behind
the embankments of culmitzsch, ripped deep
from an odd operation near selingstädt
with russian ores and oils, and although we
should have long been asleep already
we'd surge downstairs to mother nights when
father would wander and scream
    the white it boils them those were the bones
    with russian ores and oils
where did we tell ourselves, he tracked the ores, it is the bone, yes

he'd scaled the slag heaps
recognized the mountain world, the caterpillar tracks, the water, the schnapps
that is how he slid home, inventor of the slag
we can hear thicking, it is the clock, it is
his geiger counter heart

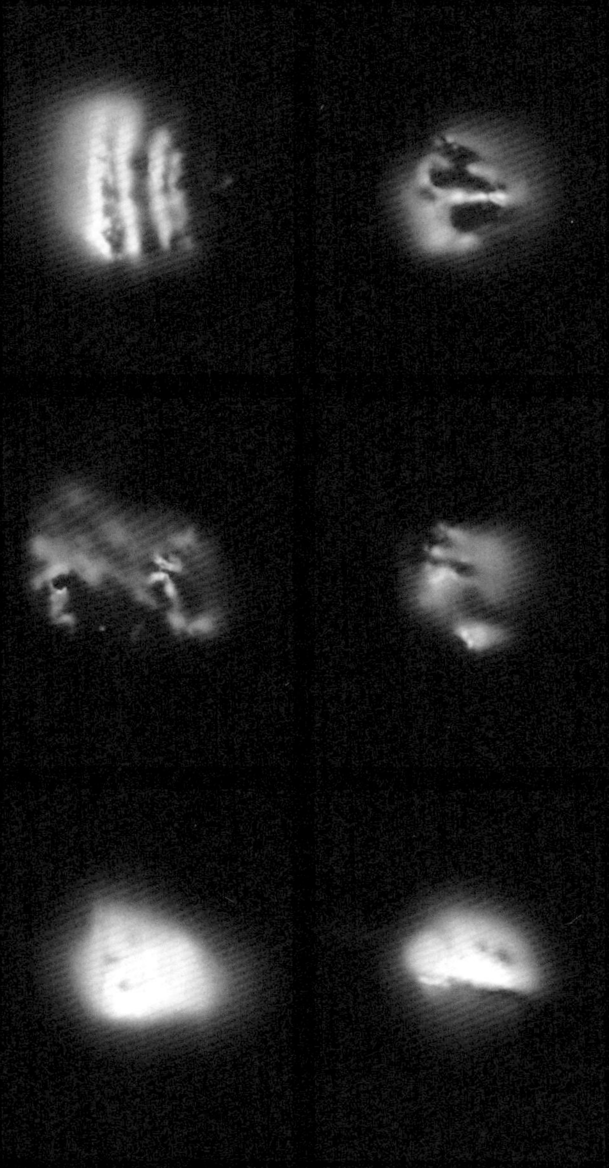

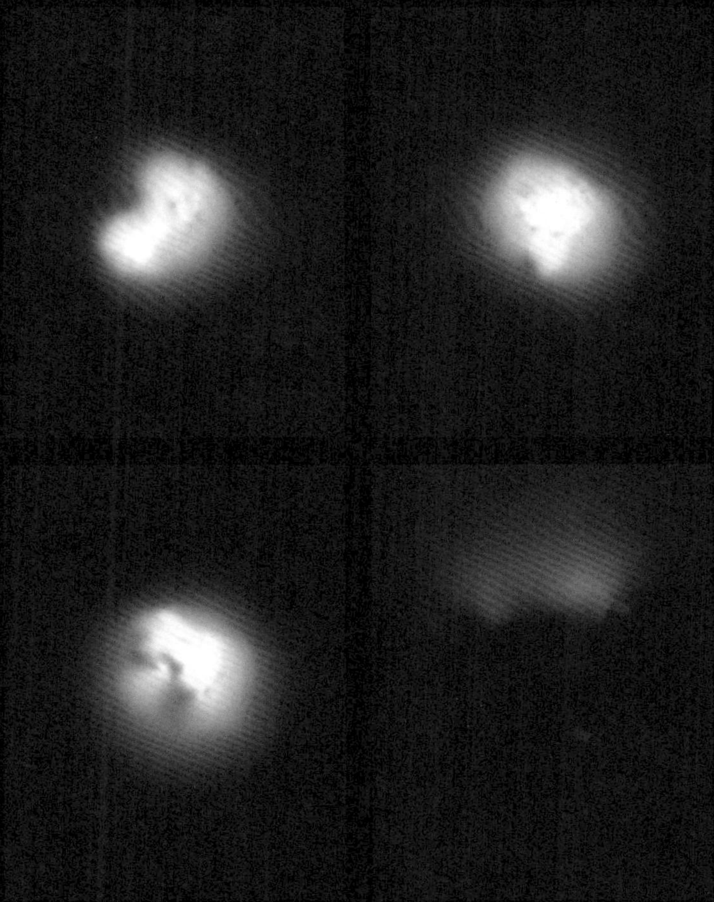

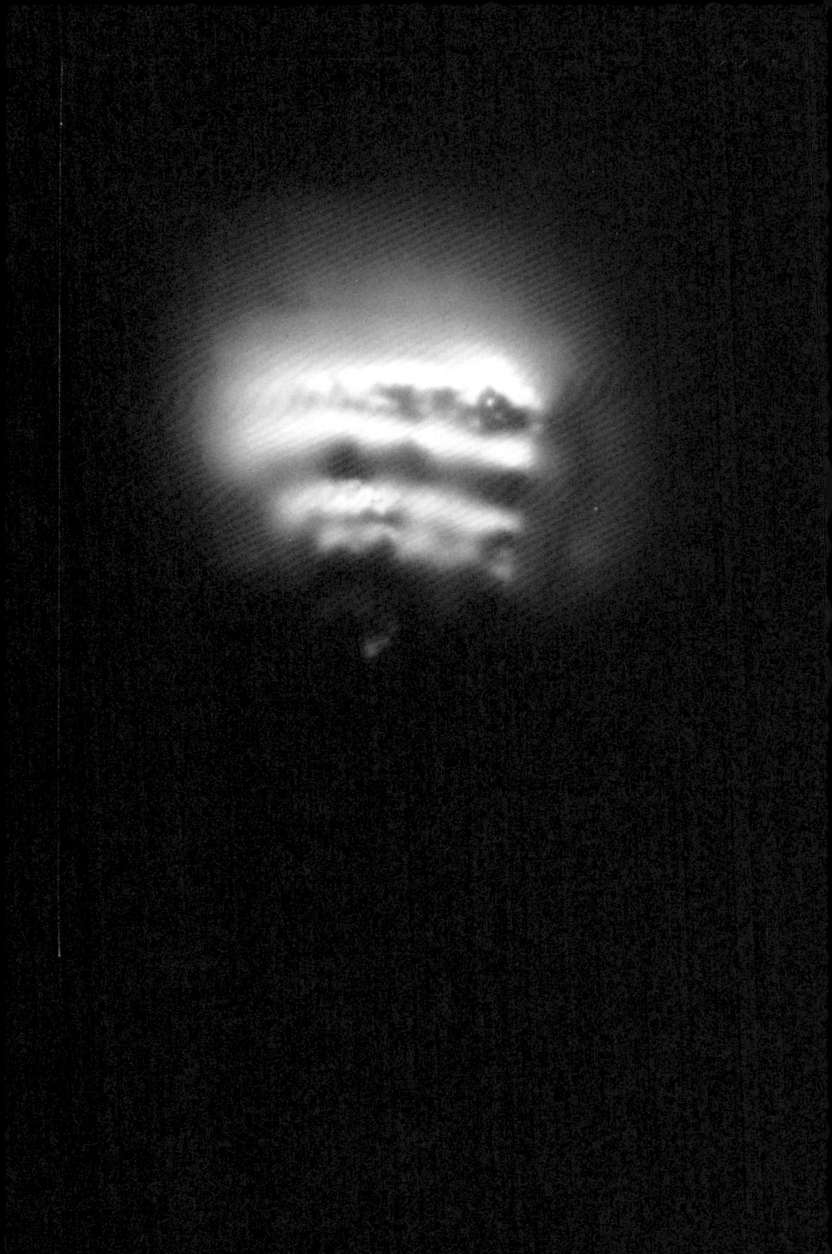

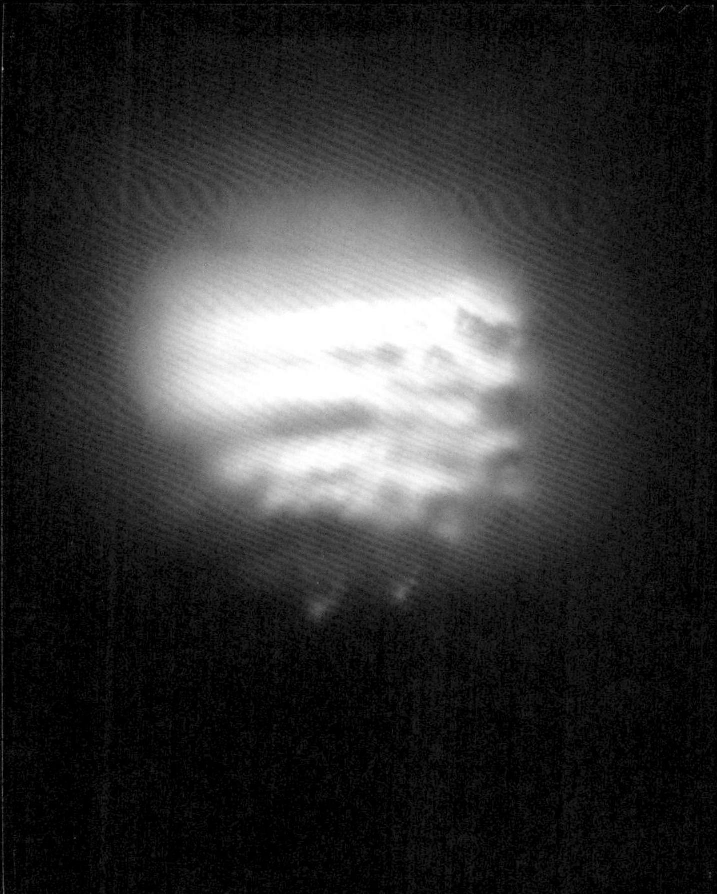

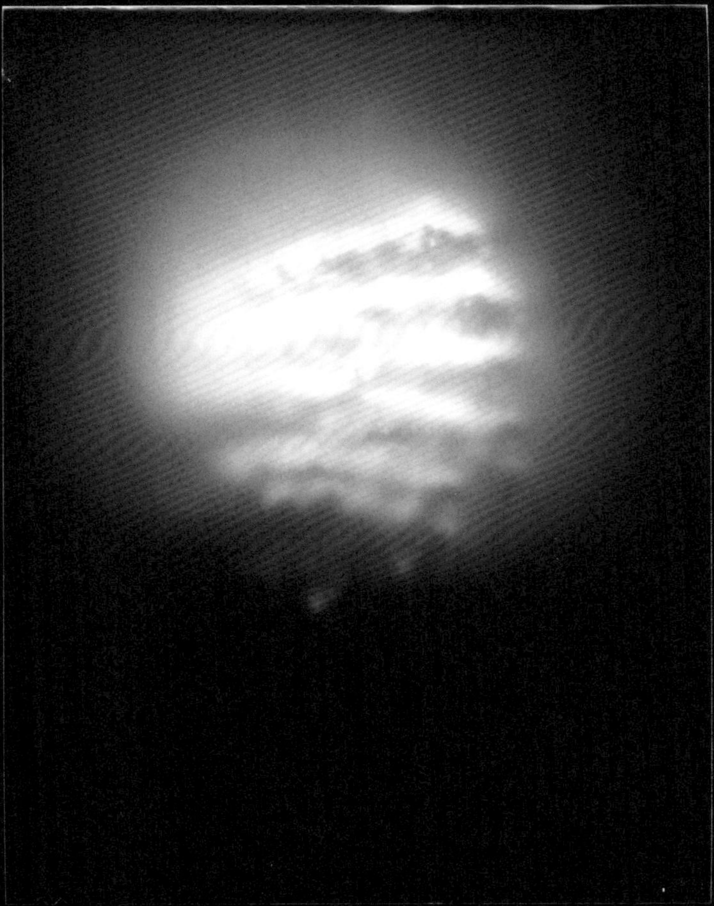

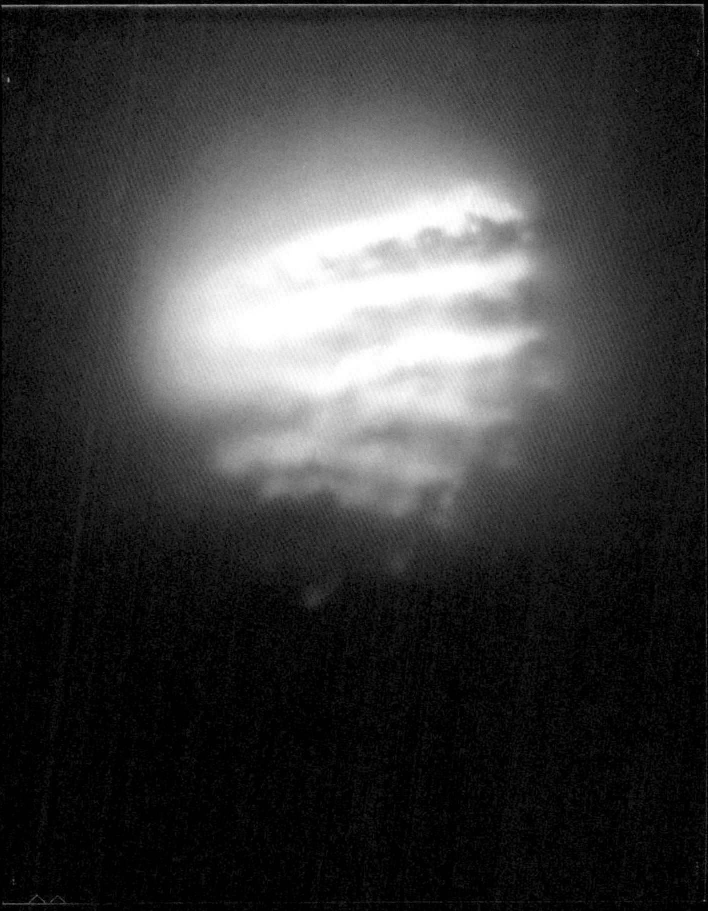

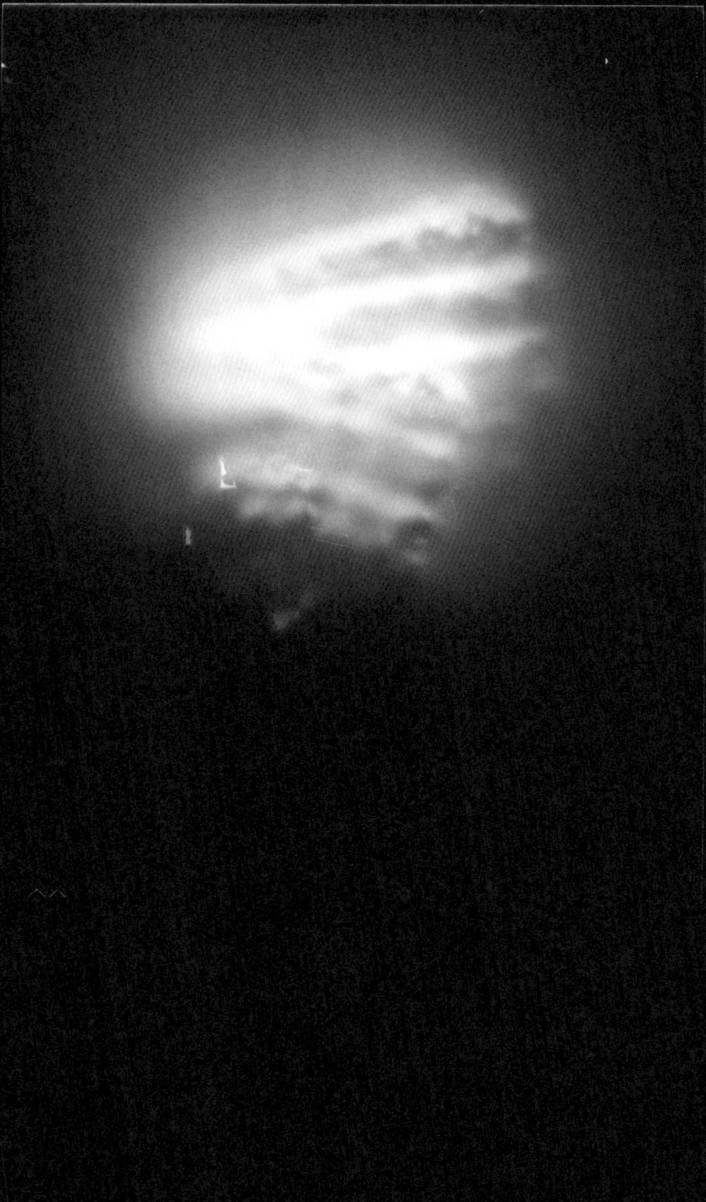

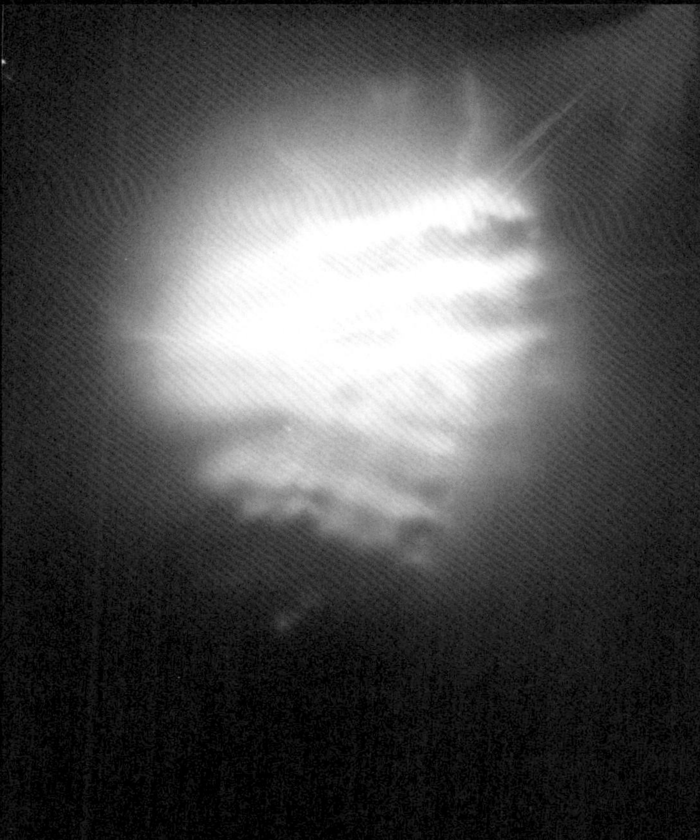

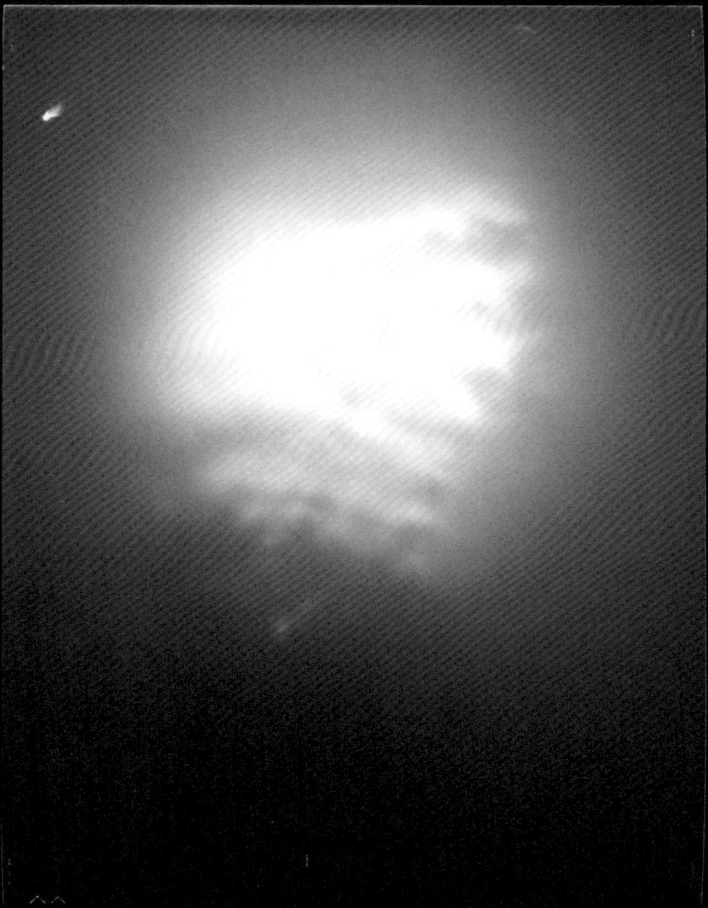

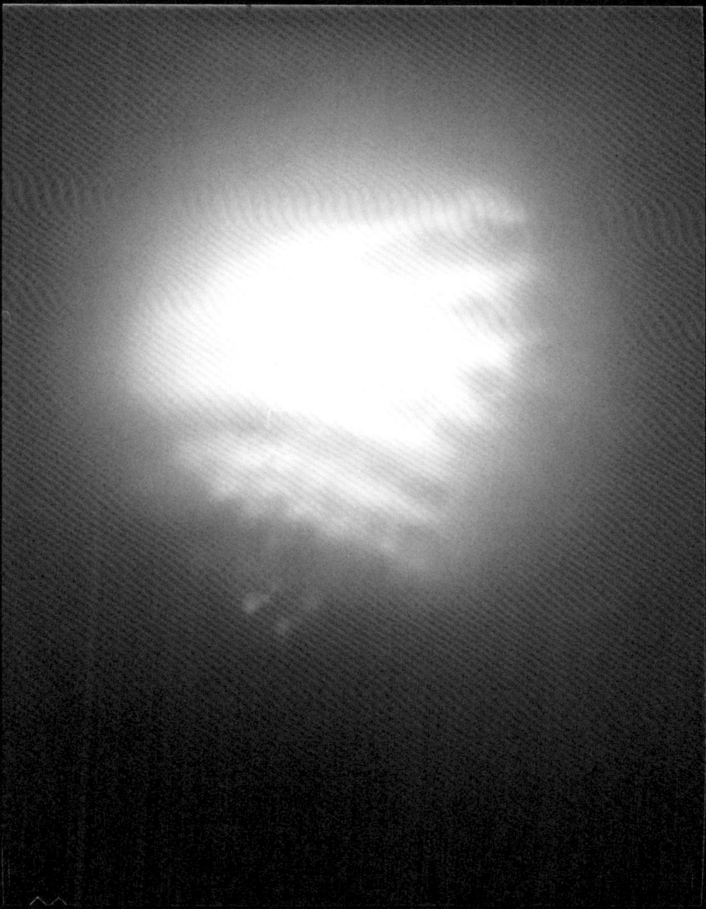

Spector Books
Schering Stiftung

P(ECH) B(LENDE)

Library for Radioactive Afterlife

Susanne Kriemann

Ed. Heike Catherina Mertens

STUHL

Heike Catherina Mertens

Ein einfacher Holzstuhl. Stabil, in seinen Maßen und Proportionen am Quadrat ausgerichtet, ebenso wie die im gleichen Raum befindlichen Regale. Das Material ist grob, nicht gebeizt oder lackiert. Ein zweckmäßiger, robuster Stuhl, in seiner Beschaffenheit jedoch ein ungewöhnliches Möbel für eine Bibliothek. Der Besucher darf, ja er soll sich hinsetzen auf diesen Arbeitsstuhl in Susanne Kriemanns *Bibliothek des radioaktiven Jenseits*, ausgestellt in der Schering Stiftung 2016.

Locker im Raum verteilt stehen fünf dieser Stühle an drei kleinen Pulttischen, in denen Tablets eingelassen sind. Schiebt man Tisch und Stuhl zusammen, entsteht visuell ein Skriptorium, eine mittelalterliche Schreibstube, in der handschriftlich Bücher hergestellt wurden. Das ist sicher kein formaler Zufall, denn die Gestaltung von Büchern ist zentraler Bestandteil im Schaffensprozess Susanne Kriemanns.

Die Tablets schaffen den Zugang zu den Schätzen der Bibliothek: das gesamte Bildwissen und fotografische Werk der Künstlerin zur Pechblende (Uraninit), dem „schwarzen Gold" des Erzgebirges, jenem radioaktiv strahlenden Mineral, das die sächsischen Bergleute bereits im 16. Jahrhundert als „Bechblende" bezeichneten. Die Suche nach Bildern und Zeugnissen von radioaktiv verstrahlten Tieren, Pflanzen und Objekten ist zeitintensiv: Über eineinhalb Jahre hat Susanne Kriemann in deutschen und US-amerikanischen Archiven, Museen und Bibliotheken Bilder und Texte gesammelt und selbst fotografische Arbeiten, sogenannte Autoradiogramme angefertigt: Im American Museum of Natural History (New York City) und dem Museum für Naturkunde (Berlin) lässt sie Fotopapier direkt von Pechblende-Proben belichten. Sie verwendet dabei nur Pechblende-Funde aus dem Erzgebirge, von denen fraglich ist, wie sie aus der Hochsicherheitszone der Wismut SAG / SDAG – diesem „Staat im Staat", wie das

CHAIR

A simple wooden chair. Stable. Large in its mass and square in its proportions, just as the bookcases that are to be found in the same room. The material is rough; unstained, unvarnished. In short, it is a functional and sturdy piece of furniture. Nevertheless, a somewhat strange piece of furniture for a library. The visitor is allowed, indeed *is expected to*, sit down on this work chair, which is to be found in Susanne Kriemann's *Library for Radioactive Afterlife* at the Ernst Schering Foundation, Berlin, in 2016.

Five such chairs have been casually distributed throughout the room in front of three small tables in which tablets have been installed. When the tables and chairs are placed together, a visual scriptorium—a medieval writing room for producing manuscripts—is created. This is, no doubt, no formal coincidence, for the design of books is a central component of Susanne Kriemann's creative process. And it is these five tablets that allow entry to the treasures of the library: the artist's entire visual knowledge and photographic work related to pitchblende (uraninite). Pitchblende was the "black gold" of the Erz Mountains, the shimmering and radioactive material which Saxon miners working there, in the 16th century, already referred to as "Bechblende".

The search for images and evidence of radioactive animals, plants and objects is time-consuming. For over a year and a half, Susanne Kriemann made her way through archives, museums and libraries in both Germany and in the USA, collecting images and texts while at the same time producing her own photographic works: so-called autoradiographs. In the American Museum of Natural History (New York City) and in the Natural History Museum (Berlin)

sowjetisch-deutsche Bergbauunternehmen auch genannt wurde – in die USA und nach Berlin gelangt sind. Durch dieses Belichtungsverfahren entstehen fantastische, abstrakte Gebilde, die ganz unterschiedliche Texturen aufweisen, immer aber aus dem Schwarz hervorstrahlen. Je länger die Belichtung, desto größer die Strahlkraft – bis hin zur Vernichtung des Fotopapiers. Die Pechblende hat Energie: Sie weist eine viermal stärkere Strahlung auf als Uran.

Ob wissenschaftliche oder künstlerische Recherche – die Werktätigkeit der Wissenschaftsgesellschaft findet weitgehend im Sitzen statt. In den National Archives (Washington D.C.) und am Museum Uranbergbau (Bad Schlema) sitzt Susanne Kriemann und erforscht die Hintergründe des Uranbergbaus. Sie nutzt das Abfotografieren von Texten, Bildern und Objekten mit dem Smartphone zur Dokumentation ihrer Recherche. Diese Fotos sind zu einem Bestandteil ihrer künstlerischen Arbeit geworden – undenkbar ohne die moderne Smartphone-Technologie. Dass für diese Praxis wiederum Mineralien aus dem Erzabbau benötigt werden, ist eine Ironie der sich hier wiederholenden Geschichte. Sie wechselt nur die Kontinente. Sind es heute die dem Bürgerkrieg entflohenen Kinder und jungen Männer, die Coltan für die Smartphoneindustrie in der Demokratischen Republik Kongo abbauen, dem zweitgrößten Coltan-Förderer weltweit, waren es nach dem Ende des Zweiten Weltkrieges die Kriegsheimkehrer und Flüchtlinge aus dem Osten, die im Uranabbauunternehmen Wismut Brot, Schnaps und eine Schlafstätte fanden. Die Arbeitsbedingungen waren katastrophal. Zwischen 1946 und 1954 arbeiteten um die 100.000 Bergleute ohne Strahlen- und Arbeitsschutz. „In jenen ersten Nachkriegsjahren hing das Schicksal der Welt für eine Ewigkeitssekunde von der Produktion der deutschen Urangruben ab, und Fischer gehörte zu den wenigen, die darum wußten. Atomenergie – das war Leben oder Tod. Die Welt

she allowed light-sensitive film to be directly exposed to pitchblende specimens, and only used samples that had been mined in the Erz Mountains. Naturally, this begs the question of how these pieces made their way out of Wismut SAG/SDAG's maximum security zone—that "state within a state" as the Soviet-German maximum-security area mining operation was also known—and to the USA and Berlin. The results of these experiments are images of fantastically abstract forms, with widely different textures, always radiating out from the black. The longer the exposure, the greater the radiance—even up to the destruction of the photographic paper itself. Pitchblende has energy; its radiation level is four times that of uranium.

Whether for scientific or artistic research, the work of the scientific community is done to a large extent sitting down. Sitting in the National Archives (Washington, D.C.) and the Museum Of Uranium Mining (Bad Schlema), Kriemann explored the background of uranium mining and photographed texts, images and objects with her smartphone to document her research. These photographs became an integral part of her artistic work but are unimaginable without the modern technology of digital devices. That the minerals, which in turn make this very technology possible, must be obtained through mining is an irony of the repeating history here, one translated across continents. While today children and young men who have escaped civil war mine coltan for the smartphone industry in the Democratic Republic of Congo—the second largest sponsor of coltan mining worldwide—at the end of the Second World War returning soldiers and refugees from the East found bread, schnapps and a place to sleep working for the Wismut uranium mining company. The working conditions were catastrophic. Between 1946 and 1954 almost 100,000 miners worked with

hatte Hiroshima erlebt.“[1] Der Kalte Krieg führte zu einem atomaren Wettrüsten. In möglichst kurzer Zeit sollte deshalb möglichst viel uranhaltiges Material in die Sowjetunion geliefert werden, in den ersten acht Jahren nach Kriegsende noch als Reparationszahlung. Es wurden Trockenbohrungen mit hoher Staubbelastung durchgeführt und die Strahlenmessungen dienten ausschließlich dem Auffinden abbauwürdiger Erzpartien. Radonmessungen wurden erst Mitte der 1950er Jahre eingeführt, individuelle Strahlenschutz-Überwachung gab es erst nach 1971.[2] Die Langzeitfolgen – wie alles, was mit Radioaktivität zu tun hat – sind vielschichtig und von einer Zeitdimension, die unvorstellbar ist. Da ist es nur folgerichtig und weitsichtig, wenn Susanne Kriemann als Resultat ihrer Pechblende-Recherche eine *Bibliothek des radioaktiven Jenseits* gründet. Das Jenseits – ein Ort, von dem wir viel gehört haben, von dem wir aber nichts *wissen*.

Werfen wir einen Blick in diese Bibliothek, die die Künstlerin auf zwei Ebenen realisiert: zum einen als begehbaren Raum in der Schering Stiftung, zum anderen als virtuellen Raum im World Wide Web. Unter den Stichworten B(lende), A(braum), F(ish), F(ission), P(ech), T(ools) findet der Bibliotheksbesucher die von der Künstlerin selbst angefertigten Autoradiogramme aus Berlin und New York, gefundene Autoradiogramme aus dem Buch *Radioactive Measurements with Nuclear Emulsions* von Herman Joseph Yagoda von 1949, wissenschaftliche Aufnahmen radioaktiv verstrahlter Tiere von

1 Werner Bräunig, *Rummelplatz*, Berlin: Aufbau Verlag, 2007, S. 12. Bräunigs 1960 begonnener und posthum veröffentlichter Roman (Fragment) handelt von der Wismut SAG und den gesellschaftlichen Entwicklungen im geteilten Deutschland nach dem Zweiten Weltkrieg bis zum 17. Juni 1953.

2 Vgl. Bundesamt für Strahlenschutz (Hrsg.), *Deutsche Uranbergarbeiter-Studie* (Faltblatt), Mai 2000, S. 2.

no radiation or labor protection standards whatsoever. "For an eternal second in those early post-war years the destiny of the world hung on the production of the German uranium mines, and Fischer was one of the few who knew about it. Atomic energy—that was a question of life or death. The world had experienced Hiroshima."[1] The Cold War had ushered in an atomic arms race and in the shortest amount of time possible, in the first eight years after the end of the war, a huge amount of uranium-rich material had to be delivered to the Soviet Union as reparations. Dry drilling (which created large amounts of dust) was carried out, and radiation measurement served exclusively to find workable sections of ore. Radon measurements were only introduced in the middle of the 1950s and individual radiation protection monitoring only after 1971.[2] Like many aspects of radioactivity, its long-term effects are multifaceted and of an unimaginable temporality. And thus it is both logical and far-sighted that, as a result of her research into pitchblende, Susanne Kriemann created a *Library for Radioactive Afterlife*. The afterlife—it is a place we've heard a lot about, but of which we know nothing.

Let us direct our eyes into this library the artist has realized on two levels: as a physical, accessible space in the Schering Stiftung's exhibition and as a virtual room in the digital universe. Under the keywords B(lende), A(braum), F(ish), F(ission), P(itch), and T(ools), the visitor to the online

---

1 Werner Bräunig: *Rummelplatz*, (Berlin: Aufbau Verlag, 2007), p. 12. Bräunig's novel (fragment), which was begun in 1960 and published posthumously, is concerned with Wismut SAG and social developments in the divided Germany after World War II and up to the events of June 17, 1953.

2 Cf. Federal Office for Radiation Protection [BfS] (ed.): Deutsche Uranbergarbeiter-Studie (leaflet), May 2000, p. 2.

1946 und Luftaufnahmen des Uranabbaugebietes der Wismut aus verschiedenen Jahrzehnten. Zeitreisen.

In dem realen, begehbaren Bibliotheksraum stehen drei Holzboxen, die ähnlich Bücherregalen mit der gleichen quadratischen Struktur gestaltet sind wie die Holzstühle. In den Holzboxen, die als umgekehrte Camerae obscurae dienen, also von innen beleuchtet sind, *sitzen* die Alltagsgegenstände der Bergarbeiter: Werkzeuge, ein sogenannter „Lebensretter“ zur Sauerstoffzufuhr im Notfall, eine Batterie mit Kopflampe, eine Trinkflasche und ein Helm. Diese Objekte aus der Standardausstattung eines Bergarbeiters sind zur Ruhe gekommen. Sie sind einzeln auf Stoffen drapiert und werden über eine Linse auf die Ausstellungswände projiziert. Es entstehen unglaubliche Bilder, Gemälden gleich, die Hammer und Meißel, Helm und Trinkflasche zu farblich brillanten Wesen werden lassen. Das Spektrum der Farben orientiert sich an den farblichen Nuancen der Zerfallsprodukte von Pechblende: hellgrün, grellgelb und grau. In diesen projizierten Gegenständen werden die Geschichten der Arbeiter lebendig, sie wandern durch unsere Gedanken, formen sich und werden immer wieder neu erzählt. Susanne Kriemann gelingt es, durch die Linse der Camera obscura die Lebensleistung der Bergarbeiter auf eine Weise lebendig werden zu lassen, wie es ein Porträt niemals vermocht hätte. Zugleich setzt sie mit den thronenden Objekten aus dem Museum Uranbergbau Bad Schlema den Arbeitern ein Denkmal, wie es selten zu finden ist: offen, frei für Interpretationen und berührend.

Genauso wie die Künstlerin bildnerisch im Raum arbeitet, so gestaltet sie auch ihre Bücher. Es sind keine Bücher *über* ihre Werke, sondern ihre Bücher *sind* ihr Werk. Wir wandern in ihnen auf verschlungenen geistigen Pfaden, die sich immer wieder kreuzen und am Ende einen Rundgang bilden. Denn alles ist mit allem verbunden – Alpha und Omega – am

library will find the artist's own autoradiographs from Berlin and New York, archival autoradiographs from Herman Joseph Yagoda's 1949 book *Radioactive Measurements with Nuclear Emulsions*, scientific images of animals exposed to radiation from 1946, and aerial photographs of Wismut's uranium mining area from various decades. Time travel.

In the actual, physical room of the library there are three wooden boxes that resemble bookcases and have the same square structures as the wooden chairs. Objects that the uranium miners of the Erz Mountains used everyday *sit* inside these wooden boxes, which in turn function as inverted camerae obscurae—that is, they are lit from the inside. One sees various miners' tools: a so-called "lifesaver" to be used for oxygen in case of emergency, a battery, a headlamp, a water bottle, and a helmet. At last, these standard miners' objects have finally found some peace. They have been individually draped upon various kinds of material and are projected through a lens onto the gallery walls. The result is a series of incredible images; painting-like, they turn the hammer, and chisel, helmet, and bottle into brilliantly colorful entities. The spectrum of colors is oriented toward the chromatic nuances of the waste products of pitchblende: bright green, fluorescent yellow, and gray. In these projected objects, the miners' faces come alive, they wander through our thoughts, they take shape, and their stories are told again and again in a never-ending process. Through the lens of the camera obscura, Susanne Kriemann manages to make the miners' lifework come alive in a way no portrait ever could. At the same time, with the monumentalized objects from the Museum of Uranium Mining Bad Schlema, she establishes a monument to the miners the likes of which is difficult to find: one both open to interpretation and emotionally touching.

Anfang steht die Pechblende und am Ende das Blei, das nach der Zerfallsreihe von radioaktivem Material entsteht. Ein Material, das im Buchdruck für die Lettern verwendet wird. Auch die Ausstellung in der Schering Stiftung begrüßt den Besucher am Eingang mit Bleibuchstaben, die den Titel formen: *Library for Radioactive Afterlife*. So wird die Künstlerin selbst zum Bindeglied zwischen den Welten, zur Mittlerin, die ein geistiges Band zwischen der Vergangenheit und der Gegenwart, zwischen körperlicher und geistiger Arbeit schafft, zwischen Meißel und Stuhl.

Susanne Kriemann designs her artist's books in exactly the same way as she carefully designs the exhibition space. They are not books *about* her artistic practice, but rather her books *are* her very artistic practise. We wander through them, along windingly cerebral paths, that are forever crossing one another but which, at the end, somehow have established a circuit. For, in the end, everything is connected to everything else—Alpha and Omega. In the beginning, there is pitchblende and at the end there is lead, the final result of the radioactive decay chain. Lead is also a material used for letters in printing presses and at the Schering Stiftung the visitor is greeted by lead letters that spell out the title: *Library for Radioactive Afterlife*. And thus the artist herself becomes a link between worlds, a mediator who creates a mental bond between the past and the present, between physical labor and spiritual work, between the chisel and the chair.

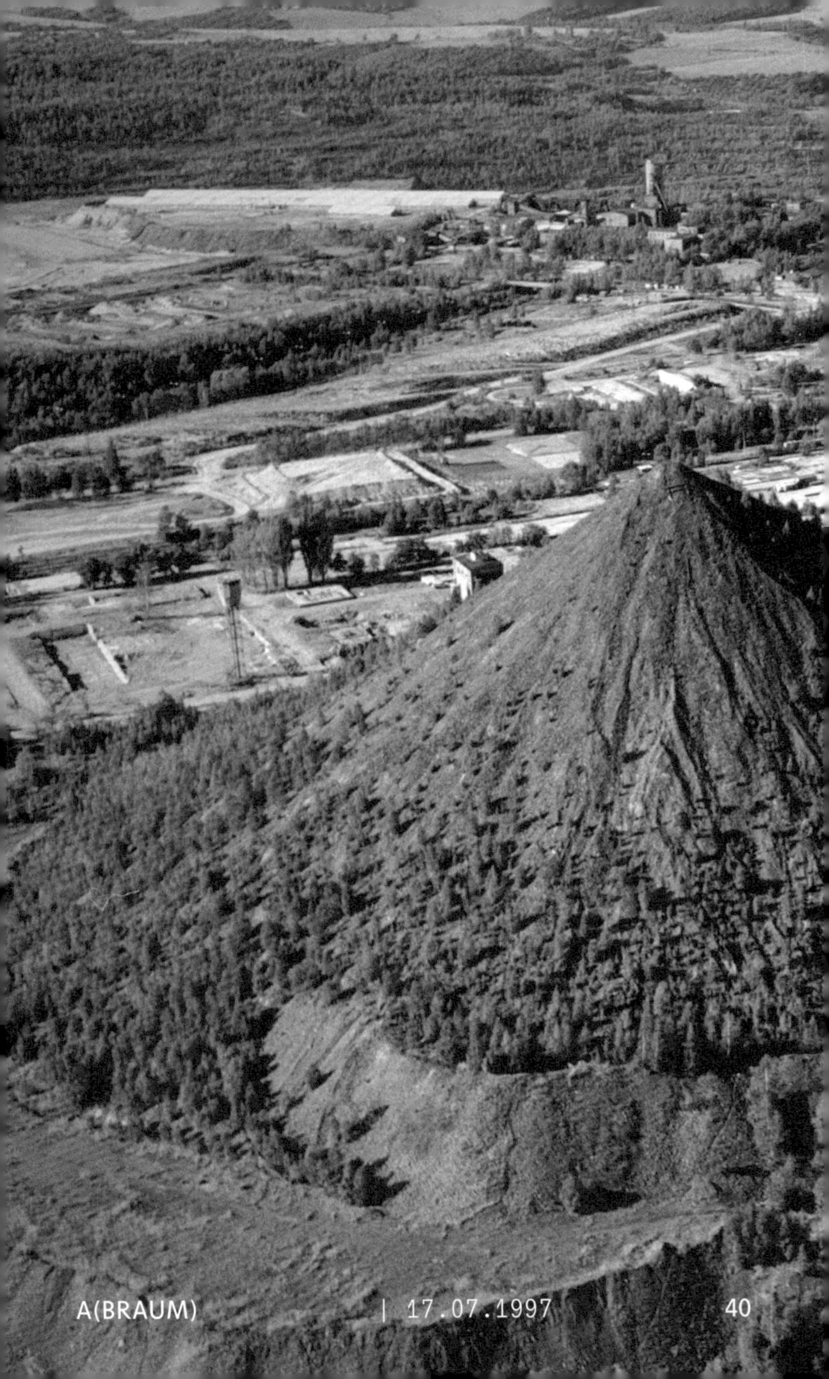

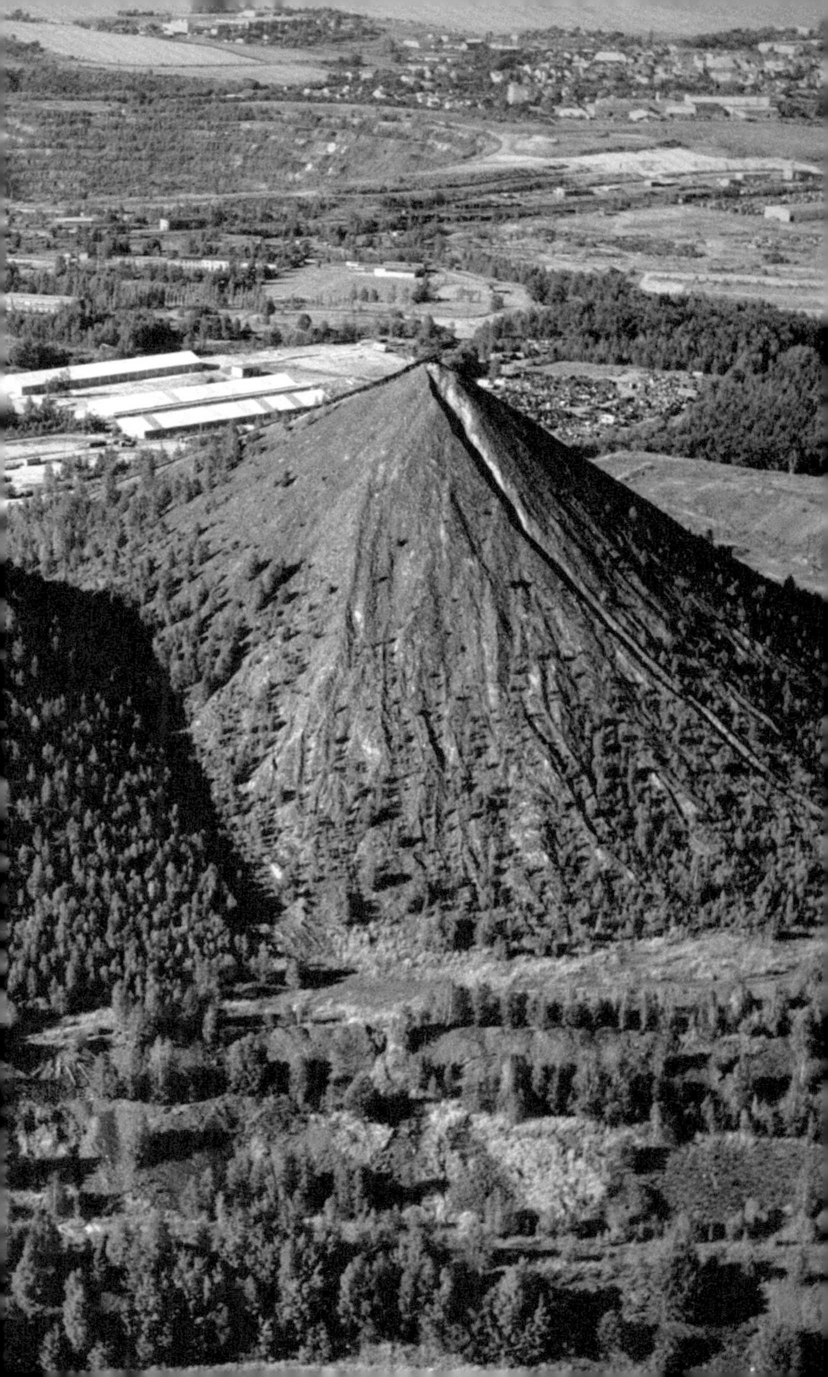

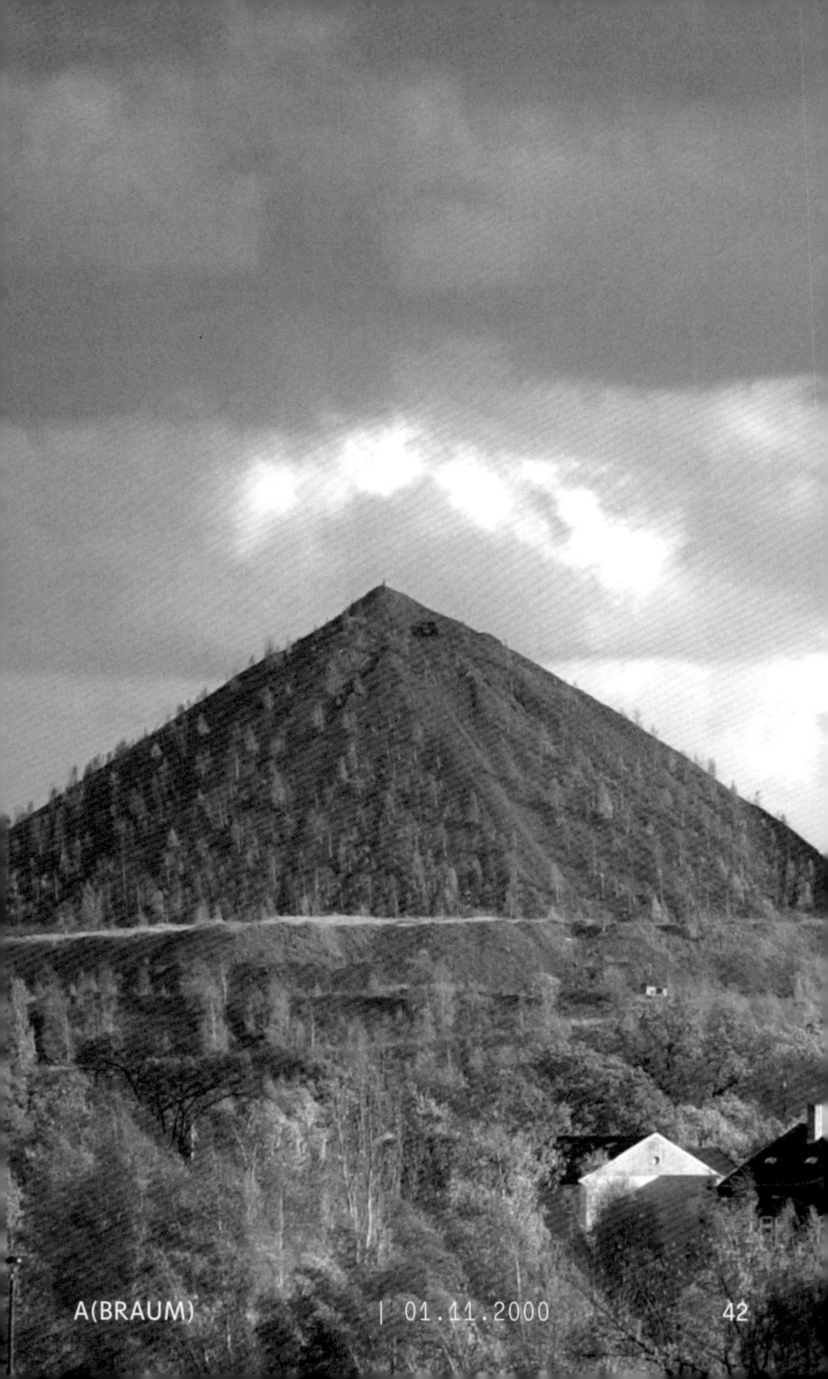

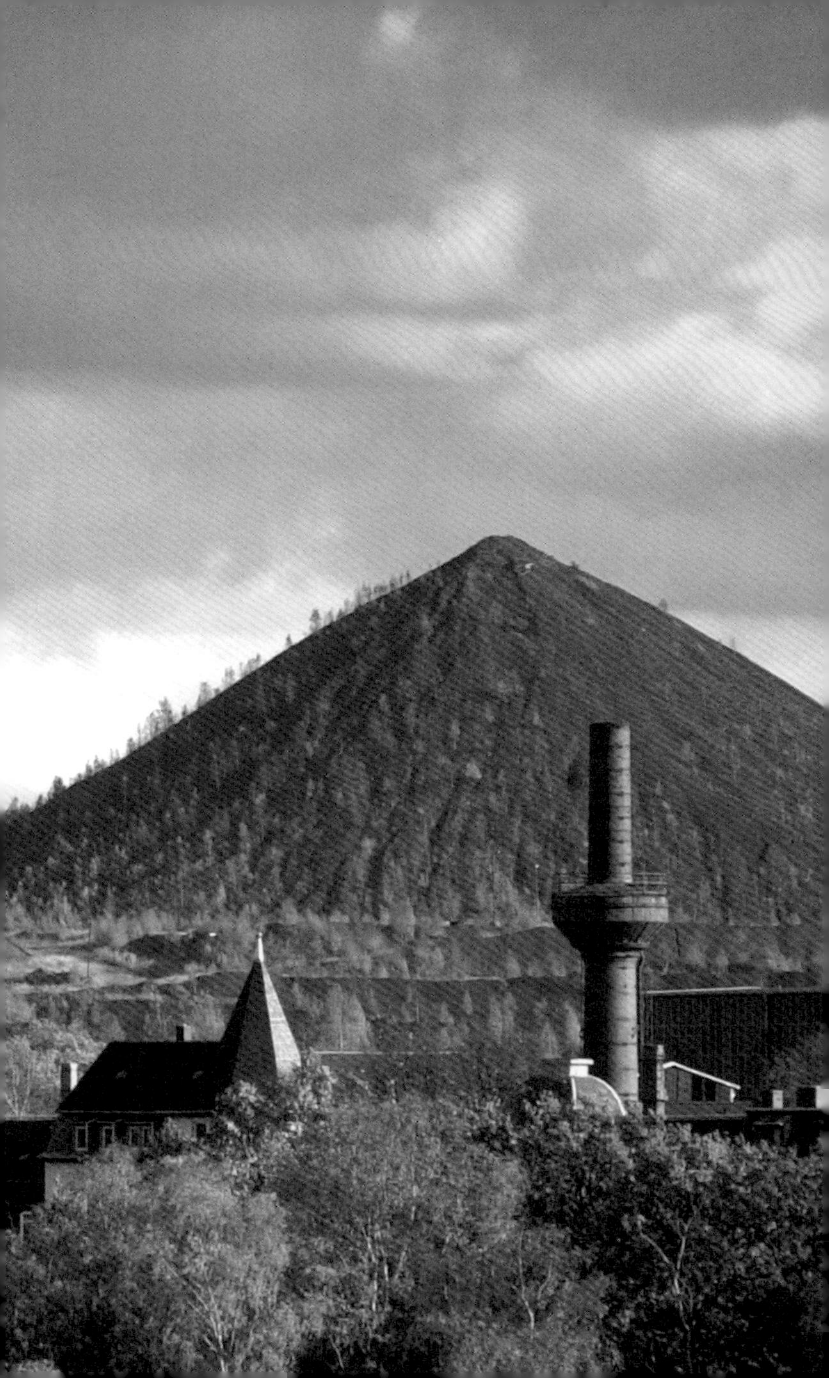

A(BRAUM)
I 03.12.2001
44

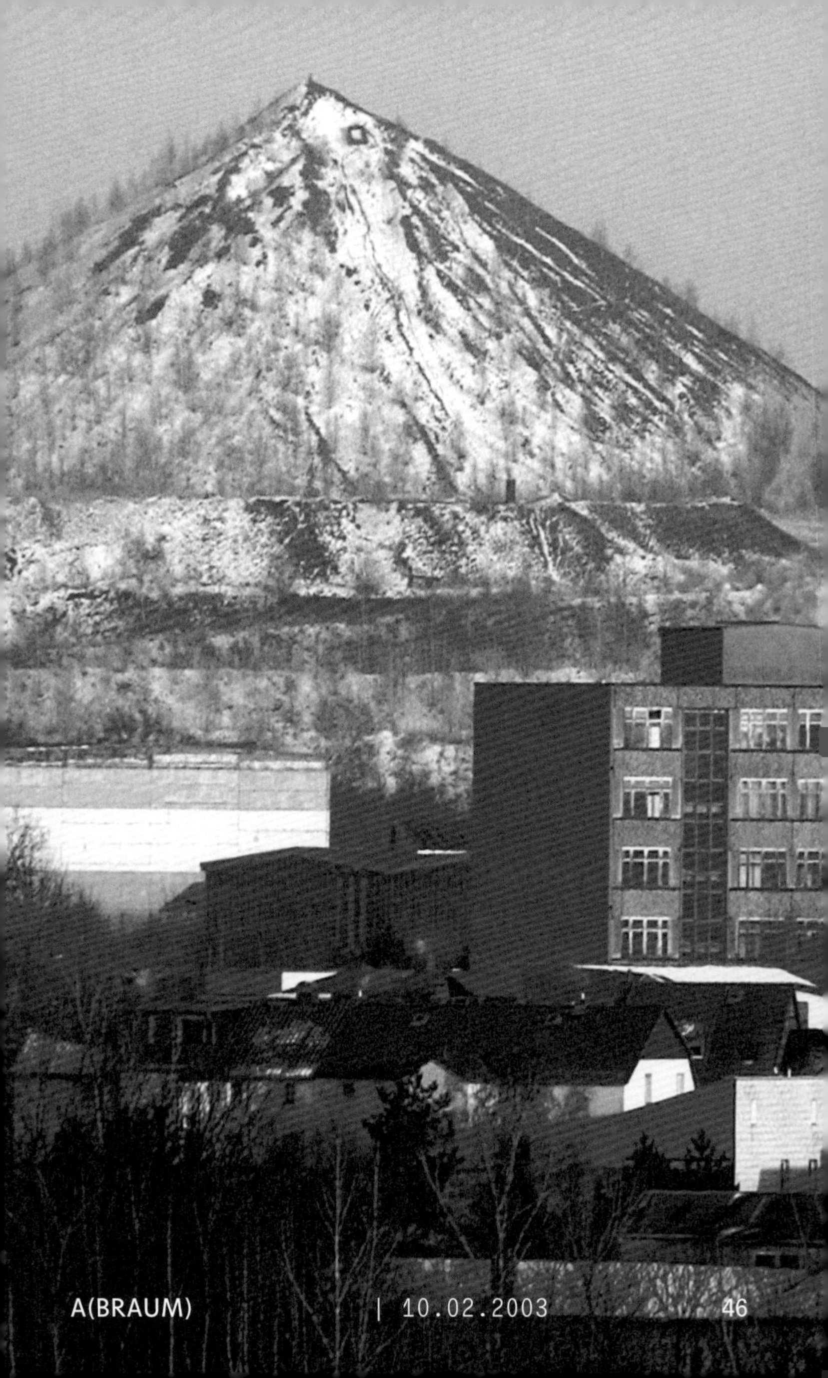

II

LAMPE

Christina Landbrecht & Friederike Schäfer

Just in diesem Moment fällt Licht auf die vorliegende Seite und macht die Buchstaben für unser Auge sichtbar. Während des Lesens werden sie zu Worten und Sätzen, verwandelt sich die dünne Schicht von schwarzer Druckfarbe auf lichtempfindlichem Papier in Text. In diesem Akt der Verwandlung spielt also das Licht, das soeben vermutlich von einer Schreibtisch- oder Leselampe herab strahlt, eine zentrale Rolle. Eigentlich handelt es sich bei dem Gegenstand selbst jedoch um eine Leuchte, denn das Wort „Lampe" bezeichnet aus technischer Sicht allein das Leuchtmittel. Und so geht es auch in diesem Text um den Moment des Erleuchtens: „fiat lux!"

Sowohl buchstäblich als auch figurativ soll Licht in eine Sache gebracht werden, die für das Auge unsichtbar ist: Das Phänomen der radioaktiven Strahlung, für das Susanne Kriemann in ihrem mehrteiligen Werkkomplex *Pechblende* auf der Suche nach probaten Bildern ist. Paradoxerweise bedarf es dafür der Dunkelheit: So hat sie sowohl im Museum für Naturkunde in Berlin als auch im American Museum of Natural History, New York City, im Stockdunklen gearbeitet, um Spuren von Radioaktivität im Bild festzuhalten. Hinter verschlossenen Türen lagern dort heute verbliebene Pechblende-Exponate, die einst unter großer körperlicher Anstrengung aus dem Dunkel des Berginneren geborgen wurden. Für *Pechblende (Kapitel 1)* hat sie den Ausstellungsraum in eine dunkle Kammer verwandelt – lat. camera obscura –, in dem Lampen Bilder generieren, die das Licht an die Wand zeichnet.

Die Ausstellung präsentiert sich also als begehbare Camera obscura. Das Auge gewöhnt sich schnell an die neuen Lichtverhältnisse, ziehen doch verschiedene Lichtquellen die Aufmerksamkeit auf sich: Zuerst fällt der Blick auf einen kleinen Plexiglas-Kubus gegenüber des Eingangs, der einen pechschwarzen Stein auf Augenhöhe präsentiert. Von unten

LAMP

At this very moment, light is falling onto the page at hand, making the letters visible to your eyes. When reading, letters become words and sentences and the thin skin of black ink on paper transforms itself into text. In this act of metamorphoses, light—presumably emitted from a desk or reading lamp—plays a central role. Or rather, we should say, emitted from a light fixture since, from a technical perspective, the word "lamp" simply describes the replaceable component that produces light. And, so too, this text has to do with a moment of illumination: "fiat lux!"

Both literally and figuratively, light must be brought upon something invisible to the eye: the phenomenon of radioactive irradiation. And it is precisely the effective depiction of this phenomenon that Susanne Kriemann seeks in her multi-layered body of work entitled *Pechblende*. In order to achieve this however, darkness was required. In both the Natural History Museum in Berlin as well as in the American Museum of Natural History in New York City, Kriemann worked in complete darkness in order to capture traces of radioactivity in her photographic images. Today, the pitchblende specimens that are housed in museums—those very specimens that were once mined under great physical strain in dark mountain interiors—are kept behind closed doors.

For *Pechblende (Chapter 1)*, Kriemann transformed the exhibition space into a darkroom—a kind of camera obscura—in which lamps generate images with light drawn upon the wall. The eye quickly becomes accustomed to the new condition of darkness, even if various light sources compete for attention. At first one's gaze falls upon a small Plexiglas cube, at eye-level across from the entrance, which contains

beleuchtet, wird dieser ähnlich effektvoll in Szene gesetzt, wie die Mineralien in den Vitrinen der geologischen Abteilung des New Yorker Naturkundemuseums. Das diffuse Licht erhellt zudem einen Schriftzug, der oberhalb des Steins angebracht ist; einzelne Lettern aus einem alten Bleisatz ergeben den Titel *Library for Radioactive Afterlife*. Der Satz, wie wir ihn hier lesen, erscheint somit spiegelverkehrt am Eingang des Ausstellungsraumes.

Pb (Plumbum), ist das Elementensymbol für das chemische Element Blei, ein giftiges Schwermetall, das nach Millionen Jahren eines der Endprodukte der drei natürlichen Zerfallsreihen radioaktiver Elemente ist. Irgendwann also wird Uran zu Blei. Heute ist allgemein bekannt, dass es sich bei Blei um ein Schwermetall handelt, das zur Vergiftung führen kann; bis in die Mitte des 20. Jahrhunderts aber war dies unbekannt. So war die Bleivergiftung eine typische Berufskrankheit unter anderem von Malerinnen, die sich durch das Ablecken der Pinsel unbewusst gefährliche Mengen zufügten. Auch in der Ausstellung sitzen die Bleibuchstaben offen in einer einfachen Holzschiene, während das Exponat aus dem Berliner Museum für Naturkunde unter einer Plexiglashülle vor etwaigen Berührungen geschützt wird. Oder schützt diese Hülle eher uns vor dem Stein?

Im Ausstellungsraum dominieren zwei unterschiedliche Lichtqualitäten; zum einen das kühle Flirren der Bildschirme der virtuellen Bibliothek und zum anderen das warme Licht der Projektionen. Alle Exponate sind zugleich Lampen, die allmählich den dunklen Ausstellungsraum als Bibliothek zu erkennen geben. Überall dort, wo Licht aufscheint, offenbaren sich Informationen und Geschichten. Das Licht spielt daher auch eine tragende Rolle bei der Erzählung der Geschichte des Uranbergbaus in der ehemaligen DDR. So präsentieren sich an drei

a pitch black stone. Illuminated from below, it is presented just as effectively as the minerals in the cases of the geology branch of the Natural History Museum. Then, the diffuse light illuminates a group of letters that have been placed above the stone: individual letters of old lead type form the title *Library for Radioactive Afterlife.* The phrase, as we read it here at the entrance to the exhibition room, is read in reverse.

Pb (plumbum) is the symbol for the chemical element of lead, a poisonous heavy metal that, after millions of years, is one of the end results of the three natural decay chains of radioactive elements. This is another way of saying that, at some point, uranium turns into lead. Today it is understood that lead is toxic, but until the middle of the 20th century this remained unknown. Lead poisoning was a typical occupational hazard of painters who, by the licking of their brushes, unknowingly consumed great amounts of it.
In the exhibition at the Ernst Schering Foundation, the lead letters sit upon a wooden rail out in the open, while the pitchblende displayed at the Natural History Museum is protected from any potential contact by a Plexiglas case. Is the case protecting us from the stone?

Two qualities of light dominate the exhibition: the cool shimmer of the screens of the digital tablets and the warm light of the analogue projections. Each example is a type of lamp, gradually revealing the exhibition space to be a library. Everywhere the light shines, pieces of information and parts of stories are revealed. Light thus plays a supporting role in the narrative of the story of uranium mining in the former GDR. Images of objects that the miners used when going into the shafts are projected onto three walls of the exhibition room: a helmet, a mining lamp with a battery, tools for

Wänden des Ausstellungsraumes in Form von Projektionen Abbilder von Gegenständen, mit denen die Bergleute in den Schacht fuhren: Ein Helm, eine Grubenlampe mit Batterie, Werkzeuge für die Bearbeitung des Gesteins, eine Wasserflasche und der so genannte Lebensretter, der im Notfall kurzzeitig Stickstoff in Sauerstoff umwandeln konnte. Im Gegensatz zu Exponaten in einer Vitrine stehen die Bilder jedoch auf dem Kopf. Der Umkehreffekt ist für die Ausstellung bezeichnend. Kriemann arbeitet mit dem Prinzip der Camera obscura, spinnt es zugunsten ihrer Erzählung aber weiter. So strahlen die Projektionen aus drei beleuchteten, hölzernen Kästen, die wie frei stehende Regale im Raum platziert sind. Als helle, luzide Kammern in der „dunklen Kammer" bilden sie das Instrumentarium eines Bildherstellungsverfahrens, das ephemere Bilder analog generiert. Bilder, die den Betrachterinnen und Betrachtern nur dann erscheinen, wenn sie sich in die Dunkelheit des Ausstellungsraumes begeben. Kriemann macht sich den Projektionsmechanismus, das kopfstehende Bild, der Camera obscura zunutze und füllt die beleuchteten Kammern mit Arbeiterausrüstung aus dem Bergbau, um die Geschichte der Pechblende ins Bild zu setzen. Durch das Licht wird eine Korrelation zwischen Bild und Gegenstand hergestellt, die diesen aus der Dunkelheit hebt und ihn erleuchtet, um ihn so in aller Deutlichkeit vor Augen zu führen. Der jüngst veröffentlichten Fotografiegeschichte der amerikanischen Kunsthistorikerin Kaja Silverman zufolge wurde diese Bildqualität der Camera obscura bereits im 18. Jahrhundert als Errungenschaft gepriesen. Die Camera obscura galt damals als ein „instrument of self-knowledge"[1], weil sie, so die Kommentatoren der Zeit,

---

1 Kaja Silverman, *The Miracle of Analogy or The History of Photography, Part 1.* Stanford: Stanford University Press, 2015, S. 24.

working the stone, a water bottle, and the so-called life-saver, which in an emergency could briefly transform nitrogen into oxygen. In contrast to objects in a display case, however, the images are inverted. The effect of such a reversal is significant. Kriemann works with the principle of the camera obscura and spins it even further in favor of her narrative. Instead of bringing the exterior world into the room through an opening, she projects the world of mining onto the gallery's walls. Images stream out of three wooden boxes, illuminated from the inside, which have been placed in the space like freely standing bookcases. Functioning as bright, clear beacons within a dark chamber, the wooden boxes are instruments in the process of creation, producing images that only appear to the observer when he or she adjusts to the darkness of the exhibition space. Kriemann takes advantage of this mechanism of projection—the inverted image of the camera obscura—and has filled the illuminated chambers with workers' gear from the mines in order to make the history of pitchblende visible. Through the use of light, a correlation between image and object is created, which lifts them both out of the darkness and illuminates them so that they can be grasped in all their distinctness. According to American art historian Kaja Silverman, the image quality of the camera obscura was already acclaimed in the 18th century as an achievement. At that time, the camera obscura was considered an "instrument of self-knowledge,"[1] for—as commentators claimed—it released the individual thing from the monotony of the world and thereby made the act of seeing more conscious:

1 Kaja Silverman: *The Miracle of Analogy or The History of Photography, Part 1.* (Stanford: Stanford University Press, 2015), p. 24.

das einzelne Ding aus dem Einerlei der Welt „freistellte“ und damit den Akt des Sehens bewusster machte: „[The camera obscura] is the agency through which we learn to see the world differently.“[2]

Im Falle der Pechblende spielt dieser Diskurs eine zentrale Rolle, da die Ausstellung über ihn hinausgeht. Denn den Geräten, die beim Uranbergbau in der DDR verwendet wurden, und ihrem Abbild an der Wand ist eine weitere Ebene eingeschrieben: Die Objekte sind verstrahlt. Die Tatsache, dass Kriemann sie aus dem Berg geholt hat, ist bezeichnend für das, was sie in der Ausstellung deutlich, ja sichtbar macht. So wird implizit auch das ausgestellt, was sich der Darstellung letztlich entzieht: Die Strahlung selbst. Im Falle der Bergbaugeräte wird auf diese visuelle Leerstelle mithilfe von Mechanismen der Bildproduktion hingewiesen, die Licht und Strahlung förmlich ins Bild setzen. Das Live-Bild, das durch die Beziehung von Lampe und Objekt analog erzeugt wird, basiert schließlich darauf, dass die Lampe ununterbrochen Licht auf den Gegenstand wirft, so dass dieser, mit Licht aufgeladen, zum Bild wird. Dieser Effekt der ständigen Aufladung als Bedingung der Bildwerdung thematisiert – indirekt – die radioaktive Aufladung der Gegenstände ebenso wie ihre historische Aufgeladenheit. Die Objekte verweisen schließlich auch auf das Schicksal ihrer Träger, die sich in der Regel schutzlos der schädigenden Wirkung der Strahlung aussetzen mussten, da die Bedingungen des Abbaus und die bis zu 60 °C heißen Stollen das Tragen von Schutzkleidung unmöglich machten.

Die Mehrdeutigkeit und das Ungreifbare der Strahlung bündelt Kriemann in den hellen Kammern im Ausstellungsraum:

---

2 Ebenda.

"[The camera obscura] is the agency through which we learn to see the world differently."[2]

In the case of pitchblende, this discourse plays a central role, but the exhibition goes beyond it. For there is another layer inscribed in the tools that were used for uranium mining in the GDR and whose images grace the walls: the objects are irradiated. By removing the tools from the mountain and bringing them into the gallery, Kriemann implicitly puts radiation itself on display, with the help of these particular mechanisms of light production. The live-image, which is created through the analogue relationship of lamp and object, is based on the fact that the lamp throws unbroken light onto the object so that the latter, now radiating with light, becomes an image. The effect of continual charging as a condition of creation thematizes—indirectly—the radioactive charging of objects. And, finally, the objects also suggest the destiny of those who used them, those who were exposed to the toxic effects of radiation without any protection, as the conditions of mining and the nearly 60-degree celsius tunnels made the wearing of protective clothing impossible.

Kriemann brings the ambiguity and intangible nature of radiation into the bright rooms of the exhibition space. We typically associate radiation with light—in particular, the warmth of the sun and well being—and thus often think of it as the light that is the prerequisite for life itself, and not of those rays that can also destroy it. In general, radiation refers to the process of the spread of particles and waves that cannot be captured by the naked eye. But radioactivity

---

2 Ibid.

Assoziieren wir mit Licht-, insbesondere Sonnenstrahlen, Wärme und Wohlbefinden, so denken wir dabei an das Licht, das die Voraussetzung für das Leben an sich ist und nicht an jene Strahlen, die dieses auch zerstören können. „Strahlung" bezeichnet jedoch ganz allgemein den Prozess der Ausbreitung von Teilchen und Wellen, so auch jene, die als „radioaktiv" (lat. *radius* „Strahl" und *activus* „tätig", „wirksam"; dt. Strahlungsaktivität) benannt wird – und mit bloßem Auge nicht erfasst werden kann. Doch hinterlässt Radioaktivität sehr wohl Spuren. Sie kann mittels fotochemischer Prozesse als „Fotografie" sichtbar werden. Von der Wissenschaft wurde dies nach den Atomtests auf dem Bikini-Atoll und den Marshall-Inseln als Aufzeichnungsverfahren genutzt, da mithilfe der Autoradiografie die Strahlung von Gegenständen und Lebewesen nachgewiesen werden konnte. Für die amerikanische Fotoindustrie wiederum wurden die Spuren radioaktiver Strahlung zum Problem: Nach ersten Atomtests in den USA in den 1940er Jahren hatten Unternehmen wie Eastman Kodak mit einer radioaktiven Verunreinigung gesamter Fotopapier-Produktionen zu kämpfen.

Für ihre *Library for Radioactive Afterlife* hat Kriemann im Zuge ihrer Recherche Archivmaterial gesichtet, das sich heute in den National Archives in Washington D.C. befindet. Dieses zeigt die Spuren der verstrahlten Körper von Vögeln, Fröschen und Fischen und lässt die katastrophalen Auswirkungen der Atomtests auf die Natur evident werden. Für *Pechblende* hat sie diesen Bildern auch eigens angefertigte Autoradiogramme hinzugefügt: Blättert man in der virtuellen Bibliothek auf dem Tablet durch die Abbildungen der Serie, ist zu erkennen, wie sich die Pechblende als bildlich erfasste strahlende Struktur mit zunehmender „Belichtungszeit" in Helligkeit auflöst.

Die Bilder stammen aus Kriemanns Arbeit in den Dunkelkammern der Naturkundemuseen in Berlin und New York

most certainly leaves traces behind; by means of photochemical processes, it can become visible as photography. Scientific research employed photographic recording methods after the atomic tests on the Bikini-Atoll and the Marshall Islands since, with the help of autoradiography, the radiation of objects and living creatures could be documented. The traces of radiation, however, became a problem for the American photo industry: after the first atomic tests in the USA in the 1940s, companies like Eastman Kodak had to contend with the radioactive contamination of their paper.

In the course of her research for her *Library for Radioactive Afterlife,* Kriemann looked at photographs and other archival material held in the National Archives in Washington, D.C. This material reveals the traces of the irradiated bodies of birds, frogs and fish, and makes evident the catastrophic effect of atomic tests on flora and fauna. For *Pechblende,* she added these images to her own autoradiographs: if one browses through the series of images contained in her virtual library, it becomes clear how, with increasing exposure times, pitchblende—as a visually realized and radiant structure—dissolves into fluorescence.

The images were produced during Kriemann's work in the darkrooms of the Natural History Museums in Berlin and New York, where she lay numerous specimens of pitchblende on large-format negatives and allowed these to be exposed for various periods of time. Here the radiation of pitchblende is formally evident, even if it is hardly to be compared to the black spots that the French physicist Antoine Henri Becquerel obtained when, in 1896, he laid uranium salts on a photochemical glass plate and thus generated a "spontaneous photograph

City, wo sie verschiedene Exemplare von Pechblenden auf großformatige Negative legte und diese unterschiedlich lange und in absoluter Dunkelheit „belichtete". Die Strahlung der Pechblende wird hier förmlich nachvollziehbar, ist sie doch kaum mit den schwachen Flecken zu vergleichen, die einst der französische Physiker Antoine Henri Becquerel erhielt, als er 1896 Uransalze auf eine fotochemische Glasplatte gelegt und damit eine „‚spontane' Fotografie der Radioaktivität"[3] generiert hatte. Das Gestein verwandelt sich auf dem Fotonegativ in ein auratisches Licht, das die Konturen auflöst und den unsichtbaren „Inhalt" des Steins, die Strahlung, als eine Erscheinung ins Bild setzt, die gleichermaßen ästhetisch fasziniert, wie sie unheimlich daherkommt.

Bereits im Namen verschmelzen die Gegensätze: die Dunkelheit des „Pechs" und die „Blende", die wiederum auf Helligkeit schließen lässt. So steuert man zum Beispiel in der Fotografie mittels der „Blende" die Helligkeit bei analogen Aufnahmen. Im frühen Bergbau allerdings verwies „Blende" auf das „Geblendet Werden" im metaphorischen Sinne: So bezeichnete es ein Mineral, das einen hohen Metallgehalt vermuten ließ, der mit damaligen Verfahren jedoch nicht zu gewinnen war: „Blende, ist eine glintzernde Berg-Art, schwartz und auch gelb, so kein Metall führet, und offt den Bergmann blendet und betrügt."[4]

Wie trügerisch die Pechblende tatsächlich ist, konnte erst mit modernen Messmethoden geklärt werden – je dunkler der Stein, desto höher sein radioaktiver Gehalt. Und so

---

3 Charlotte Bigg / Jochen Hennig: „Spuren des Unsichtbaren. Fotografie macht Radioaktivität sichtbar", in: *Kultur & Technik*, 02/2007, S. 20–25, hier S. 23.

4 *Grosses vollständiges Universal-Lexicon aller Wissenschafften und Künste*, Band 4, Halle und Leipzig: Johann Heinrich Zedler, 1733, S. 80.

of radioactivity."[3] In the photo negative, the stone transforms itself into an aureate light, which dissolves shapes and fixes the invisible content of the stone—its radiation—into an image that is as aesthetically fascinating as it is eerie.

In the name itself, oppositions emerge: the darkness contained in "pitch" and the suggestion of light in "blende," which is German for aperture. Thanks to the latter you can control the level of brightness in analog photographs. In the early mining industry, "blende" referred to "being blinded" in a metaphorical sense: it meant a mineral that was suspected of having a high metal content but which, because of the methods of the time, could not be extracted. "Blende is sparkling, mountain-like, black and yellow at the same time, but it does not produce metal and often blinds and deceives the miner."[4]

The truly deceptive nature of pitchblende was only to be clarified with modern methods of measurement—the darker the stone, the higher its radioactive content. Uranium mining in the Erz Mountains served the atomic armament of the USSR. The pitch black stone contains clusters of energy that could only be released through the interaction of humankind in the atomic age. For it is through the induced splitting of the atom—the moment in which all energy is simultaneously freed—that what is usually invisible, manifests itself as blazing light. Atomic light is of such enormous brightness that it can cause temporary or even permanent blindness, even at great distances. Only complete darkness

---

3 Charlotte Bigg / Jochen Hennig: "Spuren des Unsichtbaren. Fotografie macht Radioaktivität sichtbar" ("Traces of the invisible. Photography makes radioactivity visible.") In: *Kultur & Technik*, 02/2007, pp. 20–25, here p. 23.

4 *Grosses vollständiges Universal-Lexicon aller Wissenschafften und Künste,* Vol. 4, Halle and Leipzig: Johann Heinrich Zedler 1733, p. 80.

verweist die Pechblende auf eine weitere Ebene: Ein Teil der Erzählung, der in den hellen Kammern der Ausstellung enthalten ist, thematisiert den Grund für den Abbau der Pechblende in der DDR. So diente der Uranbergbau im Erzgebirge der atomaren Aufrüstung der UdSSR. Der pechschwarze Stein birgt gebündelte Energie, die allein durch menschlich geschaffene Verfahren im Atomzeitalter freigesetzt werden kann. Nur durch eine indizierte Kernspaltung, den Moment also, in dem alle Energie gleichzeitig freigesetzt wird, offenbart sich die sonst für das menschliche Auge nicht sichtbare Strahlung als gleißendes Licht. Es ist ein Licht mit einer so enormen Leuchtdichte, dass es auch bis in weite Entfernungen zu vorübergehender oder permanenter Erblindung führen kann. Auf diese Blendung folgt nur noch komplette Dunkelheit, eine Dunkelheit, die auch die Bergleute aus den Tiefen der Stollen kennen.

Kriemanns Archivbesuche und ihre Reisen in den Berg werden in *Pechblende (Kapitel 1)* zu einer ins Bild gesetzten künstlerischen Recherche, die sich das fotografische Prinzip der Analogie zunutze macht. Diese Analogie kommt ebenso im Bildgebungsverfahren der Live-Bilder wie in den Präsentationsmodi zum Tragen – sei es, dass der Stein aus dem Naturkundemuseum in der Ausstellung ebenso museal in einer Vitrine liegt oder dass die Gegenstände der Bergarbeiter im Inneren der regalartigen Kammern verschwinden, wie sie zuvor im Innern des Berges verborgen waren. Kriemanns Geschichte der Pechblende wird so zur Projektion, zum Bild ihrer eigenen Recherchen. Letztendlich sind sie die Lampen, die für die Dauer der Ausstellung Licht ins Dunkel der Pechblende bringen.

can follow such a blaze, the type of darkness miners know from their time spent deep within the tunnels of the mountain.

Kriemann's visits to the archives and her trips into the Erz Mountains become, in *Pechblende (Chapter 1),* a form of artistic research that makes use of the photographic principle of analogy. This analogy comes into effect through both the imaging processes of the live pictures as well as the mode of presentation—whether it is the pitchblende specimen displayed as if it were in a museum or the miners' objects that disappear inside the case-like chambers just as they once disappeared within the interior of the mountain. Kriemann's narrative of pitchblende thus becomes itself a projection, a self-reflexive image of her own research. In the end, her work is like the lamps that, for the duration of the exhibition, bring light to the darkness of pitchblende.

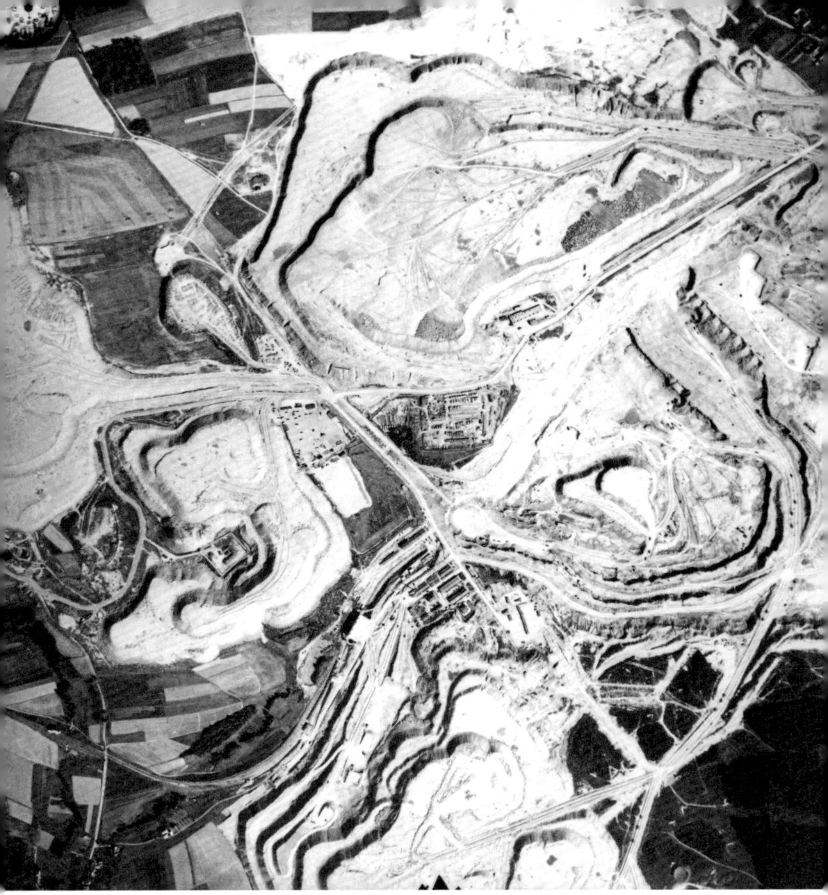

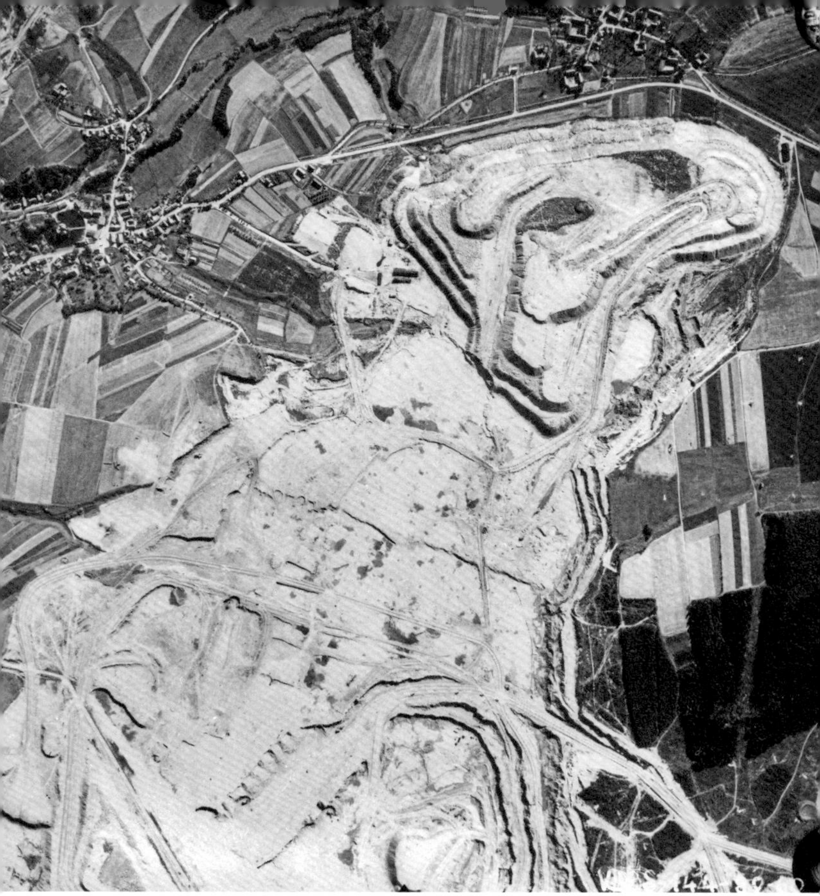

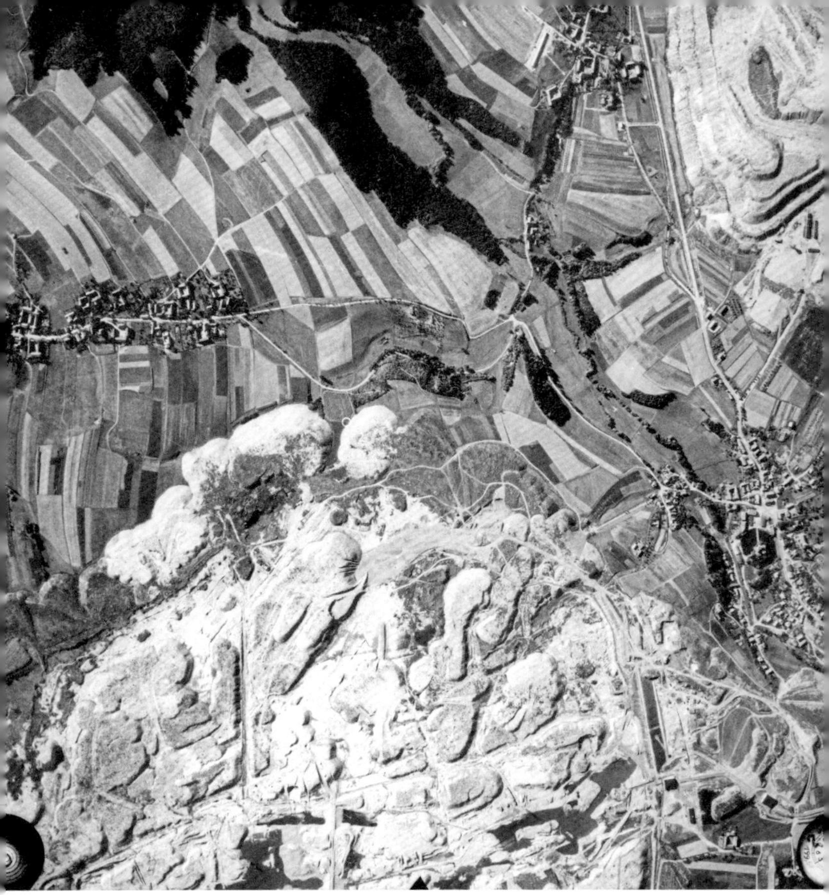

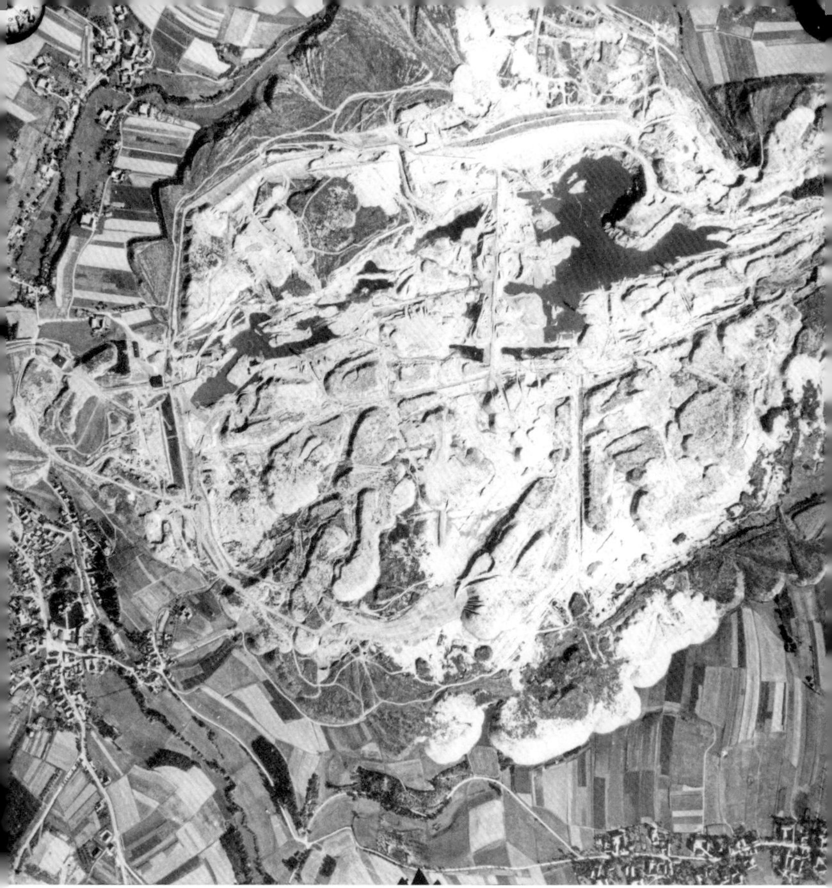

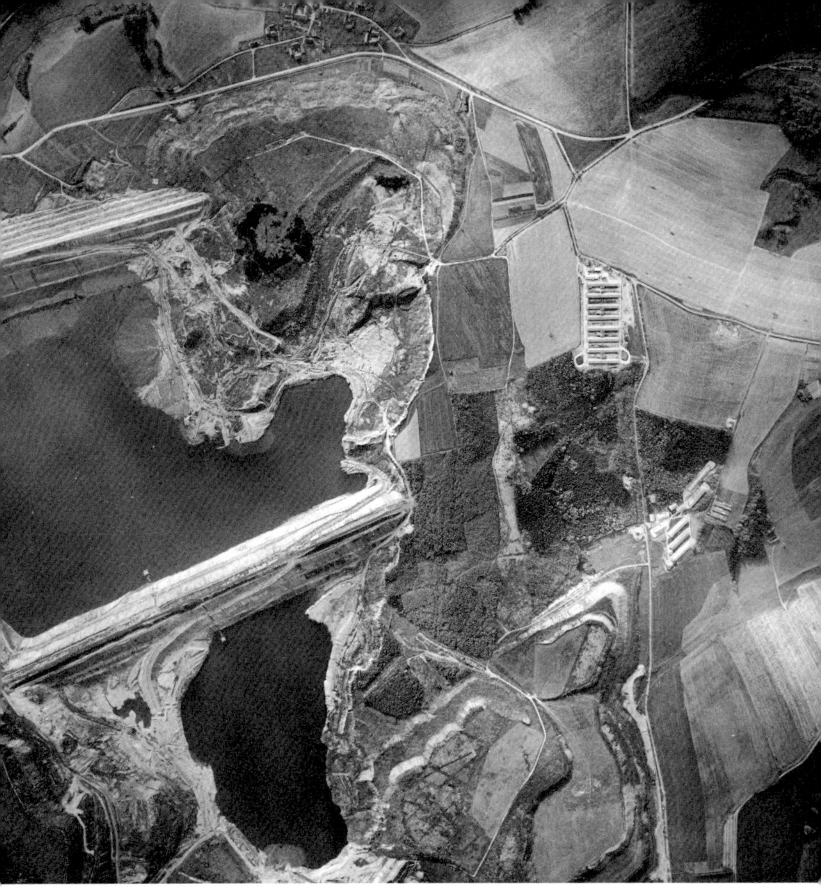

P(ECH) | 19.10.1972

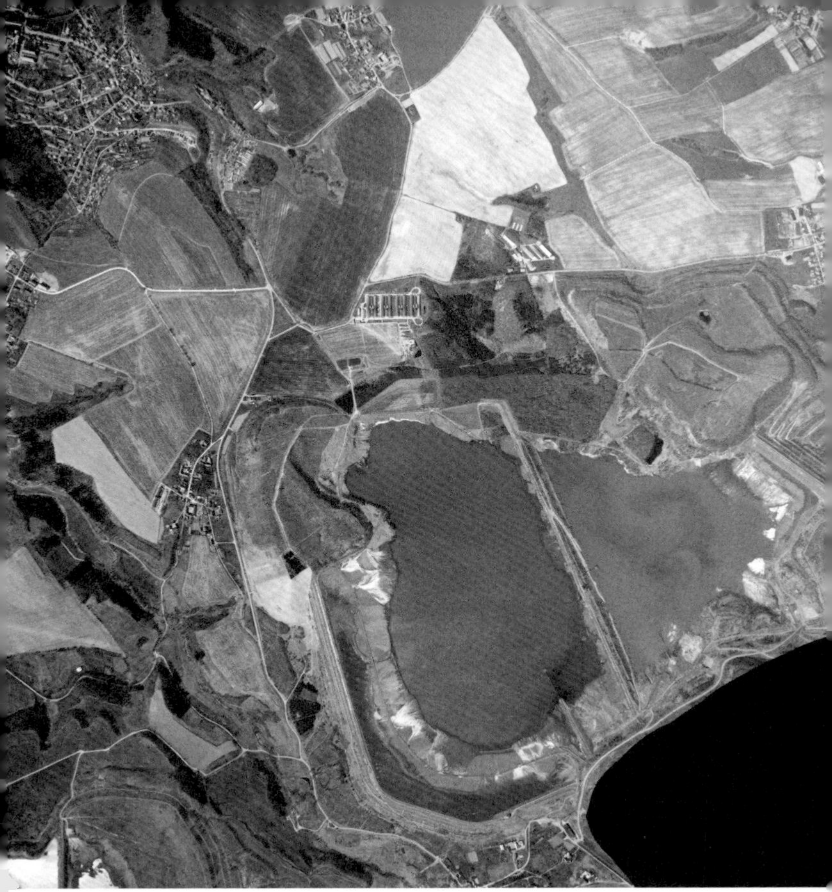

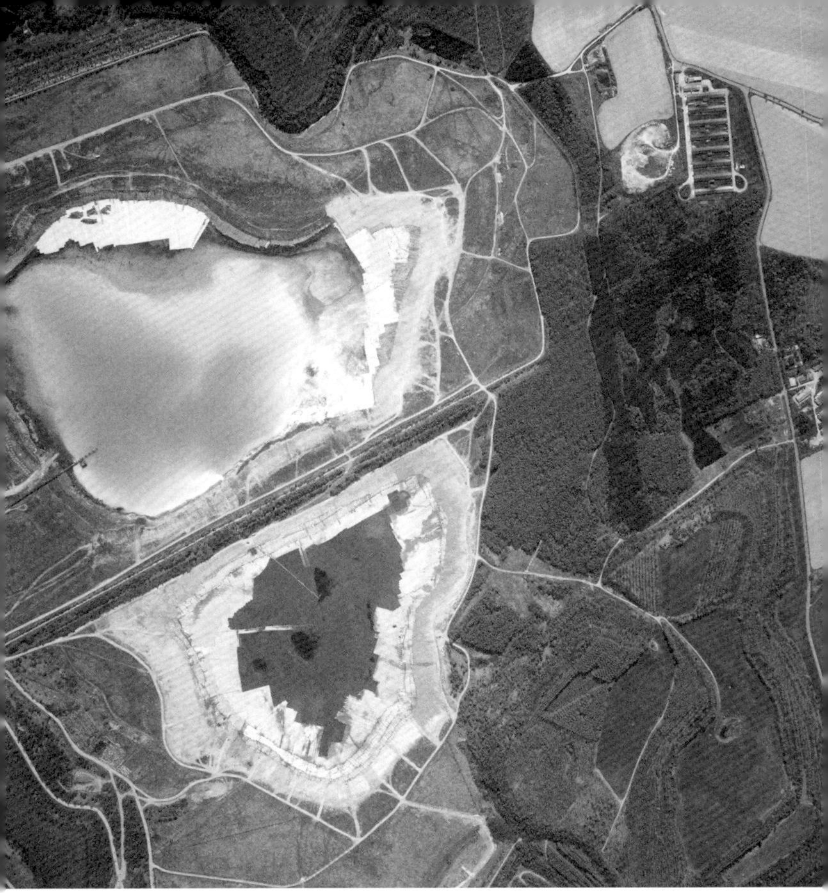

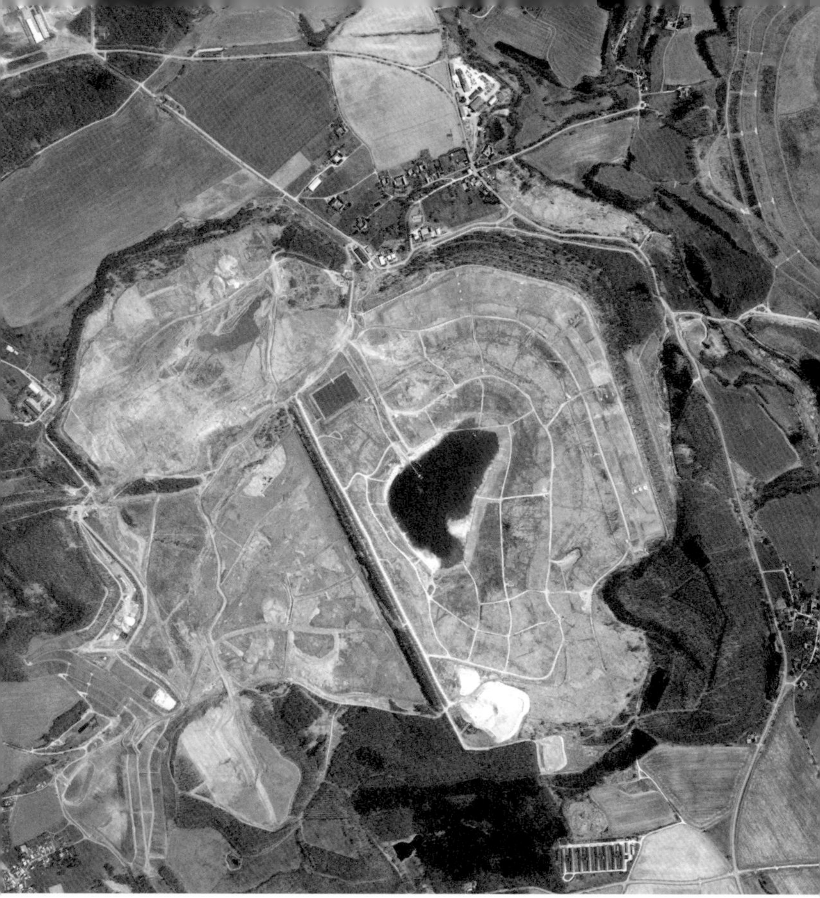

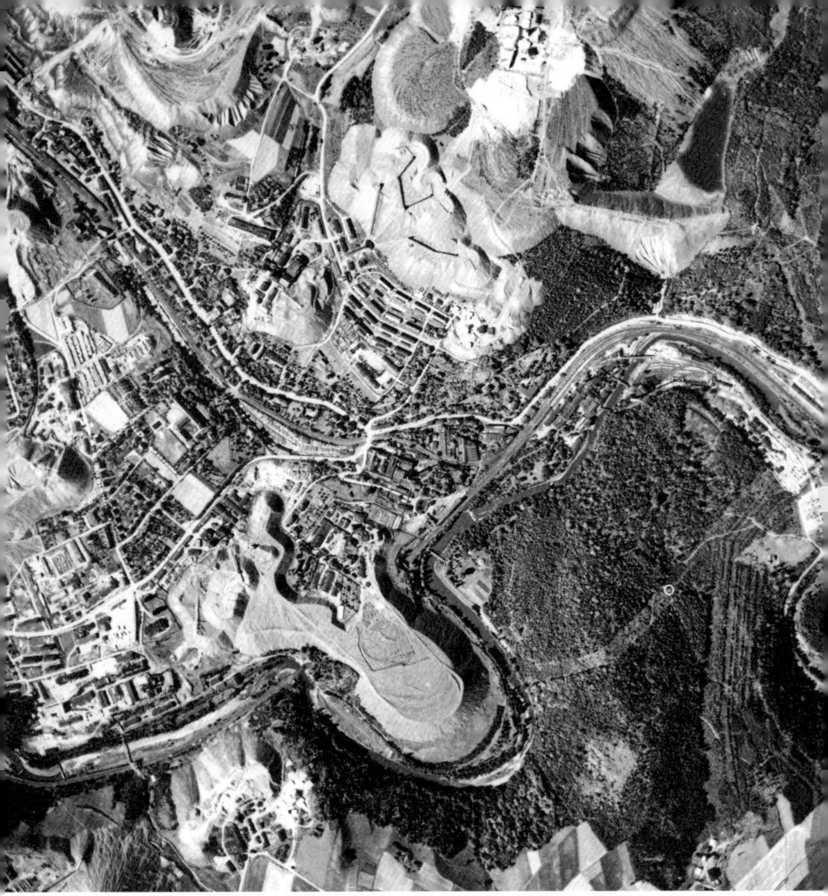

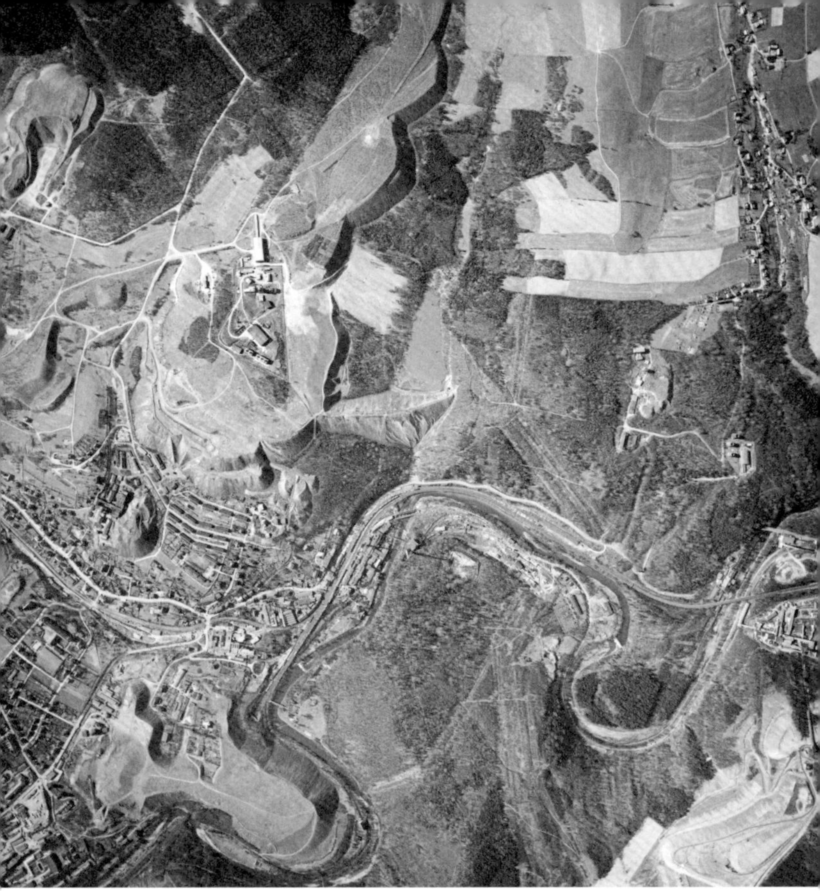

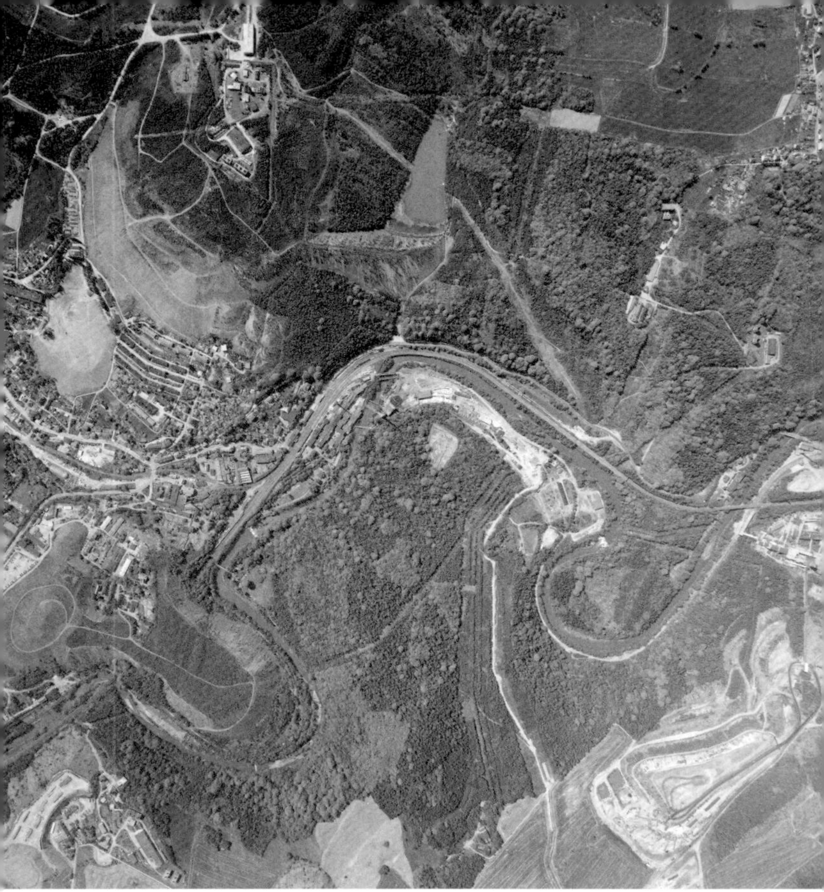

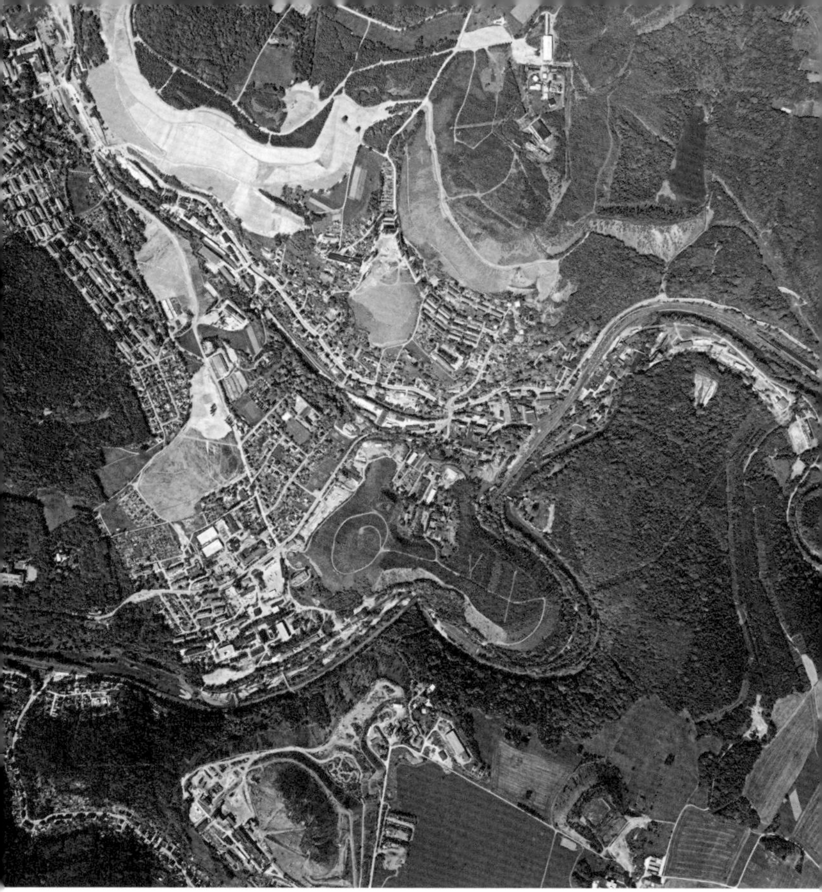

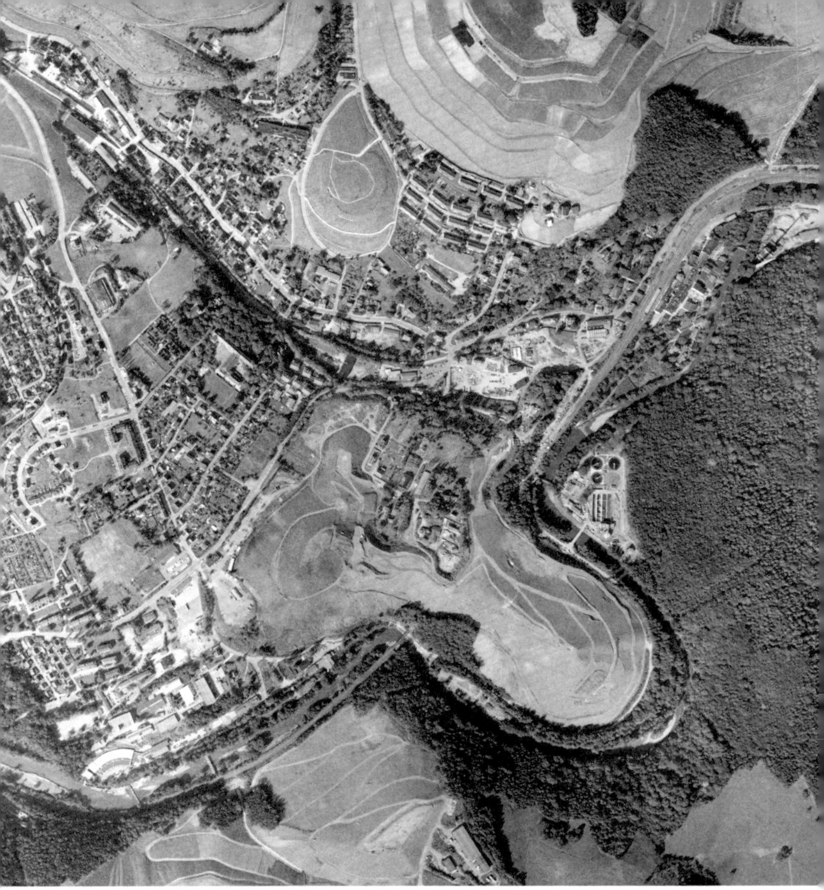

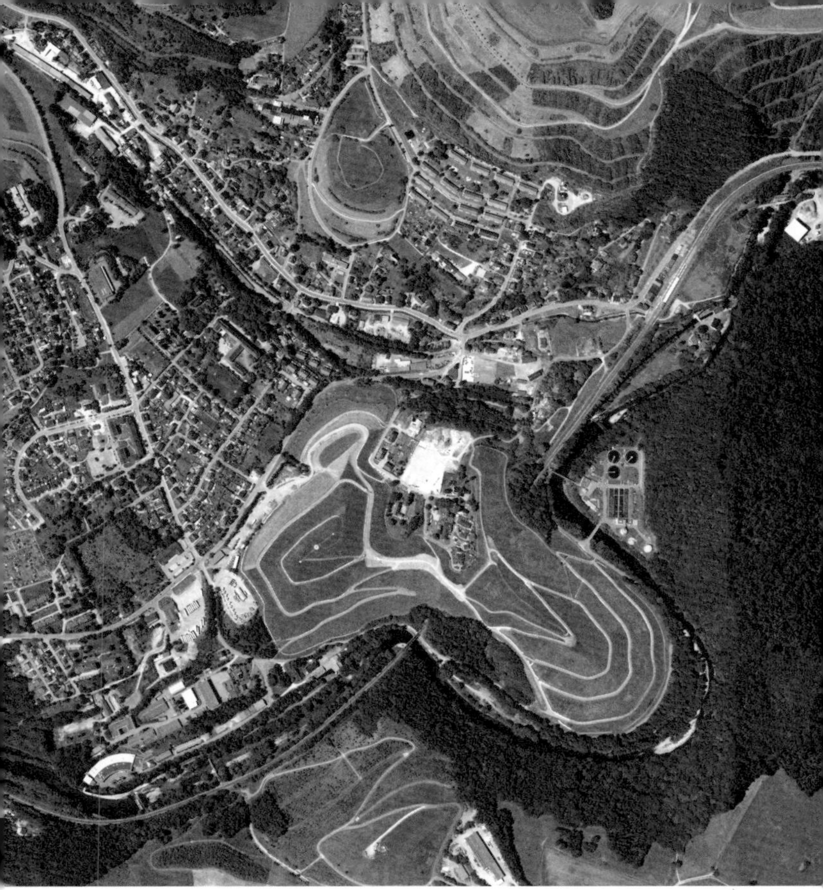

III

SHELF LIFE

Jayne Wilkinson

REGAL LEBEN

Ein Regal: Ein System, ein Auslagenelement, ein Stauraum für materielle Güter.

In einer Bibliothek ist das Bücherregal der unverzichtbare Lastesel. All seine Mühsal gilt der Schaffung eines Ordnungssystems, das Material an Ort und Stelle hält und es ermöglicht, Bestände zu finden, zu identifizieren, wieder hervorzuholen. Die Zeitschriften, Zeitungen, Enzyklopädien und verschiedenen Arten von Büchern werden im Magazin verwahrt und geordnet. Dessen Regale *sind* die Bestände. Sie definieren seine Räumlichkeiten und Konturen, indem sie die Objekte enthalten, die man dort sucht.

Eine Bibliothek ist auch ein Archiv, und zwar eines, das seine Benutzerinnen und Benutzer andauernd mitgestalten und -bestimmen. Sie ist im Aktionsmodus, ermutigt zu den aleatorischen Bewegungen des Stöberns und Suchens, lässt uns ihren Raum ebenso lesen wie die Wörter auf einer Buchseite.

Die Arbeit von Susanne Kriemann übersetzt und transformiert Raum in vergleichbarer Weise: Der Ausstellungsbereich selbst wird zum Regal, auf dem eine unüberschaubare Assemblage von Bild- und Textinformationen lagert. Als Forscherin und Künstlerin fordert Kriemann in ihren Ausstellungen von den Betrachtern, sich aktiv als Mitwirkende und Leser dieser Aggregationen von disparaten Materialien, Verweisen und Medien einzubringen.

Für *Pechblende (Prolog)*, 2016 am Prefix Institute of Contemporary Art in Toronto gezeigt, mischt Kriemann Archivfotos, Fotogramme, Autoradiogramme, Texte und Bildunterschriften, um daraus eine Ästhetik der Radioaktivität in der Lesart der atomtechnischen Wissenschaften zu konstruieren. Die karge Installation besteht aus vier großen, doppelten, in symmetrischer

A shelf is a system, a unit of display, and a container for material goods.

In a library, the bookshelf is a critical workhorse, its labours directed towards the creation of an organizational system that holds material in place, allowing items to be found, identified and retrieved. A library's journals, periodicals, newspapers, encyclopedias and all manner of books are stored and organized within the confines of the stacks. Its shelves *are* its holdings, defining its spaces and contours by containing the objects one seeks.

A library is also an archive, but one that is continually shaped and redefined by its users. Its mode is active, encouraging the aleotoric movements of browsing and searching, allowing one to read the space of the library in the same manner as one reads words on a page.

The work of Susanne Kriemann translates and transforms space in a similar way: the gallery itself becomes the shelf upon which a wild assemblage of visual and textual information is held. As a researcher and an artist, Kriemann produces exhibitions that require her viewers to actively participate in the reading of disparate materials, texts, references and media.

For *Pechblende (Prologue)*, exhibited at Prefix Institute of Contemporary Art (Toronto) in 2016, Kriemann mixes together archival photographs, photograms, autoradiographs, texts and captions to construct an aesthetic of radioactivity, referencing a visual culture largely produced through the science of atomic technologies. A materially minimal installation, it consists of four large panels of plexiglass hung symmetrically in a narrow gallery under fluorescent lights. Mounted between the floating glass sheets is an extensive collection of eight by ten inch photographs. Each

Anordnung von der Decke des Ausstellungsraums hängenden, fluoreszierendem Licht ausgesetzten Plexiglasplatten. Zwischen die Platten ist eine umfassende Auswahl von 20 × 25 cm großen Fotografien mit ausführlichen Bildunterschriften auf der Rückseite montiert, die in Format und Anordnung an lose, ungeheftete Buchseiten erinnert.

Sorgfältig geordnet und arrangiert, erörtern die Bild- und Textelemente der Kriemann'schen Fotosammlung Einzelheiten aller Arten von Radioaktivität. Eine herausragende Bedeutung nehmen dabei Autoradiogramme ein, die Kriemann unter Verwendung von Pechblende-Proben aus Naturkundemuseen angefertigt hat, indem sie das strahlende Gestein in direkten Kontakt mit Filmmaterial brachte. Diese Bilder werden gemeinsam mit Autoradiografien aus Archiven gezeigt, die in den 1940er Jahren angefertigt wurden, um die Strahlungsintensität in Fischen und anderen Gewebeproben zu ermitteln. Solche Aufnahmen veranschaulichen die Wirkung von Strahlung und betten zugleich die Zeitskala des weiter strahlenden Tierkörpers in eine fotografische Chronik ein. Die Zeitlichkeit der Radioaktivität wird auch anhand von Luftaufnahmen deutlich, die in ihrer Abstraktheit Landschaftsveränderungen durch den intensiven Uranabbau in der ehemaligen DDR sichtbar machen. Kriemann illuminiert in ihren Fotogrammen verschiedene Werkzeuge, die in diesen Bergwerken benutzt wurden, und auch hier verwischt ihr Einsatz der kameralosen Fotografie die Grenzen zwischen Zeichenhaftigkeit und Abstraktion. Insgesamt veranschaulicht diese Sammlung von Daten die riesigen Dimensionen der Strahlung – vom einzelnen Atomkern zur gewaltigen Explosion, von der Vernichtung im Augenblick zur längst möglichen Dauer des Kernzerfalls – und lässt am Ende ein ebenso gefährliches wie ehrfürchtiges Näheverhältnis zur Radioaktivität erkennen.

image contains detailed captions on the verso, and their aspect ratios and unusual spacing suggest the loose, unbound pages of a book.

Carefully arranged and ordered, the visual and textual elements of Kriemann's accumulated images together detail all manner of radioactivity. Prominent among them are autoradiographs she developed from pitchblende samples stored in natural history museums, a process which entails bringing the radiating rock into direct contact with film. These are displayed together with archival autoradiographs, originally used in the late 1940s to test radiation levels in fish and other specimens. Beyond demonstrating the effects of radiation, they embed the time scale of a still-radiating animal body into the photographic record. The temporality of radioactivity is likewise evident in aerial photographs, abstractions that render visible the changing landscape of intensive uranium mining in the former German Democratic Republic. In the last panel, photograms produced by Kriemann illuminate various tools used in these mines, and her use of cameraless photography again blurs the boundaries of indexicality and abstraction. Together, this collection of visual and textual data reveals the massive scales of radiation—from an atomic nucleus to an immense explosion, from the instantaneity of destruction to the longest durée of the decay chain—ultimately suggesting a proximity to radiation that is as dangerous as it is sublime.

From one vantage point, the installation is entirely visual; from the other, entirely textual. Images and texts, recto and verso. Wandering visitors will chart their own course, navigating the installation's contours, moving consciously between the photographs and texts, and using their bodies to flip from the often-abstract images to the not entirely objective captions. The space of the gallery

Aus einem bestimmten Blickwinkel erscheint die Installation rein visuell; aus einer anderen ganz und gar textlastig. Bilder und Texte, Vorder- und Rückseite. Umhergehende Betrachter wählen nach Belieben ihre eigenen Wege, navigieren entlang der Konturen der Ausstellung, vollführen Denkbewegungen durch Fotos und Texte und wechseln zwischen den oft abstrakten Bildern und ihren nicht durchgängig objektiven Beschriftungen hin und her. Der Raum insgesamt fühlt sich mit der Zeit merkwürdig bedrohlich an; die spiegelnden Oberflächen des Plexiglases glänzen etwas zu sehr, die fluoreszierenden Lampen sind etwas zu grell und zu heiß. Die Tafeln quellen über vor Bildern des bedrohten Lebens und enthalten ein kaum erträgliches Übermaß an Wissen über den kritischen Zerfall, die steinerne Kraft der Pechblende.

Kriemanns Vorgehen ähnelt dem eines verrückten Wissenschaftlers. In einer Alchemie der Bilder experimentiert sie ohne vorhersagbare Ergebnisse mit Materialien und Begriffen.[1] Oder vielleicht ähnelt sie eher einer verrückten Bibliothekarin, die Material gemäß einer unbekannten Logik sortiert und so eine Bibliothek der Geheimnisse und Enthüllungen einst streng gehüteter, heute allgemein zugänglicher Informationen aufbaut. Sie überlässt es nicht allein den Bildern, einen Weg durch Abstraktionen und Zeichen zu bahnen. Auch Gegenstände, die hier zu ähnlich verflüssigten Symbolen der Radioaktivität geworden sind, kommentieren ihr Projekt. Meißel, ein Geigerzähler, ein Satz Bleilettern und ein Stapel von im Bleisatz gedruckten Gedichten sind allesamt ordentlich auf dem Regal verstaut. Sie erinnern hier an die Wirkung der

---

1 Ich danke der Kuratorin und Autorin Monika Szewczyk für die Anregung über die „Künstlerin als verrückte Wissenschaftlerin“.

comes to feel strangely threatening; the reflective surfaces of the plexiglass a bit too shiny, the fluorescent lights too bright, and too hot. Each panel teems with images of life at risk, and contains an almost unbearable amount of the information responsible for the critical decay of pitchblende's mineral force.

Kriemann's process seems akin to that of a mad scientist, experimenting with materials and concepts in a visual alchemy whose end results are unpredictable.[1] Or perhaps she is more like a mad librarian, sorting material according to an unknown logic, creating a library of secrets and revelations, full of information that was once highly covert but is no longer. Not content to let images alone do the work of navigating the abstract and the indexical, the objects that annotate her project are fluid symbols of radioactivity. Drill bits, a Geiger counter, a set of lead letters and a stack of letterset printed poems are all ordered and shelved, serving as reminders of the impact of radioactivity on the body and the long afterlife of uranium as it decays into lead.

Images that recall the iconicity and familiarity of the mushroom cloud blind us to the ubiquity of the scientific and medical technologies that allow us to see the invisible world of radiation—the X-rays and image scans that reveal the interiority of surfaces and skins. And while tensions between the aesthetic of abstraction and the indexicality of the image are inherent throughout, it is the unfathomable timescales of radioactive toxicity and decay that are the subtext of this body of work.

---

1 Thanks to curator and writer Monika Szewczyk for the suggestion of the artist as mad scientist.

Radioaktivität auf den Körper und an die lange Lebensdauer des zu Blei zerfallenden Urans.

Bilder, die uns die Ikonizität und Vertrautheit der Pilzwolke in Erinnerung rufen, machen uns vielleicht auch blind für die Allgegenwart wissenschaftlicher und medizinischer Technologien, obwohl diese für uns die ansonsten dunkle Welt der Röntgenstrahlen und bildgebenden Abtastungen, die Innenwelten unter den Häuten und Oberflächen erst sichtbar machen. Und während überall in diesem Werk ein gespanntes Verhältnis zwischen der Ästhetik der Abstraktion und der Zeichenhaftigkeit des Bildes mitschwingt, sind es die unauslotbaren Zeitskalen von radioaktiver Toxizität und Zerfall, die den eigentlichen Subtext ausmachen.

Was könnte eine Bibliothek für das radioaktive Jenseits konkret beinhalten? Die Vorstellung des Lebens nach dem Tod beschwört jede Menge Spiritualität, Religion und Mystik sowie viele mögliche Arten des seelischen Fortlebens nach der Auslöschung des physischen Körpers. Das Weiterleben der Radioaktivität ist zugleich ihre Halbwertszeit, also die Zeit, die vergeht, bis die Hälfte des strahlenden Teilchenmaterials zerfallen ist. Eine Bibliothek, die solche Zeitspannen umfasst, ist das Archiv eines biologisch nicht mehr eindeutig bestimmbaren Lebens: Ist es ein menschliches Leben? Ist es das einer Pflanze, eines Tieres, eines Gesteins? Dass mit dem Begriff „Leben“ eine Zeitspanne bestimmt werden kann – ein Verfallsdatum, eine Halbwertszeit, ein Leben nach dem Tod – steht außer Frage, aber in unserer ökologisch prekären Gegenwart ist eine Bibliothek als Archiv solcher Zeitlichkeiten mindestens ein ambivalentes Unternehmen. Kriemanns Bild-Text-Assemblagen zielen auf genau solche Spannungen, indem sie (durch Abstraktion) zeigen, dass radioaktives Leben mit seiner eigenen Darstellung unvereinbar ist.

What then might the construction of a library for radioactive afterlife actually entail? The idea of the afterlife is widely evocative of spirituality, religion, mysticism, and the ways in which an ethereal soul will continue to exist after the physical body is extinguished. But the afterlife of radioactivity is also its half-life, the period of time required for atomic particles to disintegrate by half. A library that spans such temporalities is an archive of life, but one without clear biological properties: is the life in question a human one? Plant, animal or mineral? That the notion of a "life" might be used to determine a span of time—the shelf life, a half-life, an afterlife—is a given, but in our ecologically precarious present, a library that archives such temporalities is ambiguous at best. Kriemann's image-text assemblages point to just such tensions, signifying (through abstraction) the incommensurability of radioactive life with its own representation.

In many ways, the space of the exhibition becomes like the shelf in the library: a system of logic that is always somewhat excessive, holding material to be browsed, considered, used or ignored by viewers at will. And in the often-disastrous present time of the Anthropocene, where the shelf life of our world is uncertain, the afterlife of continual radiation demands a visual archive of its own.

In vielfacher Hinsicht entspricht der Raum dieser Ausstellung einem Bibliotheksregal: Er ist ein immer etwas über das Ziel hinaus schießendes, logisches System, und er enthält Material zum Stöbern, das die Betrachter nach Lust und Laune konsultieren, benutzen oder ignorieren können. Und gerade in der katastrophenreichen Gegenwart des Anthropozäns, da das Verfallsdatum unserer eigenen Welt ungewiss ist, erfordert das Jenseits der anhaltenden Strahlung ein ihr eigenes visuelles Archiv.

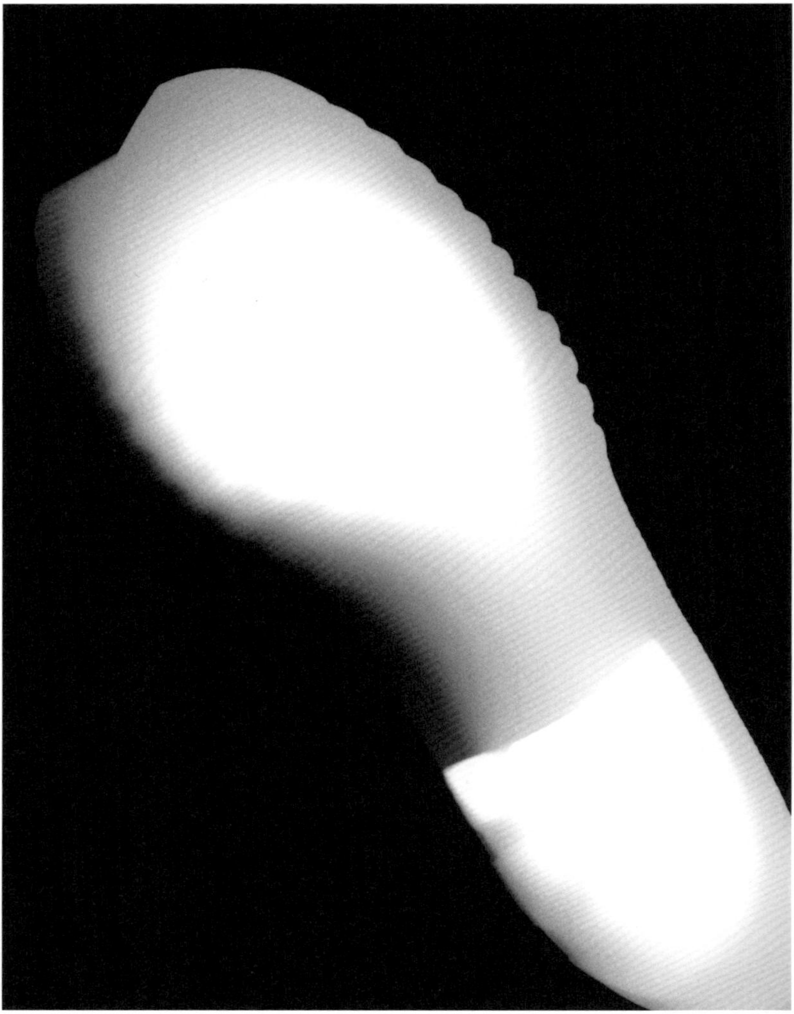

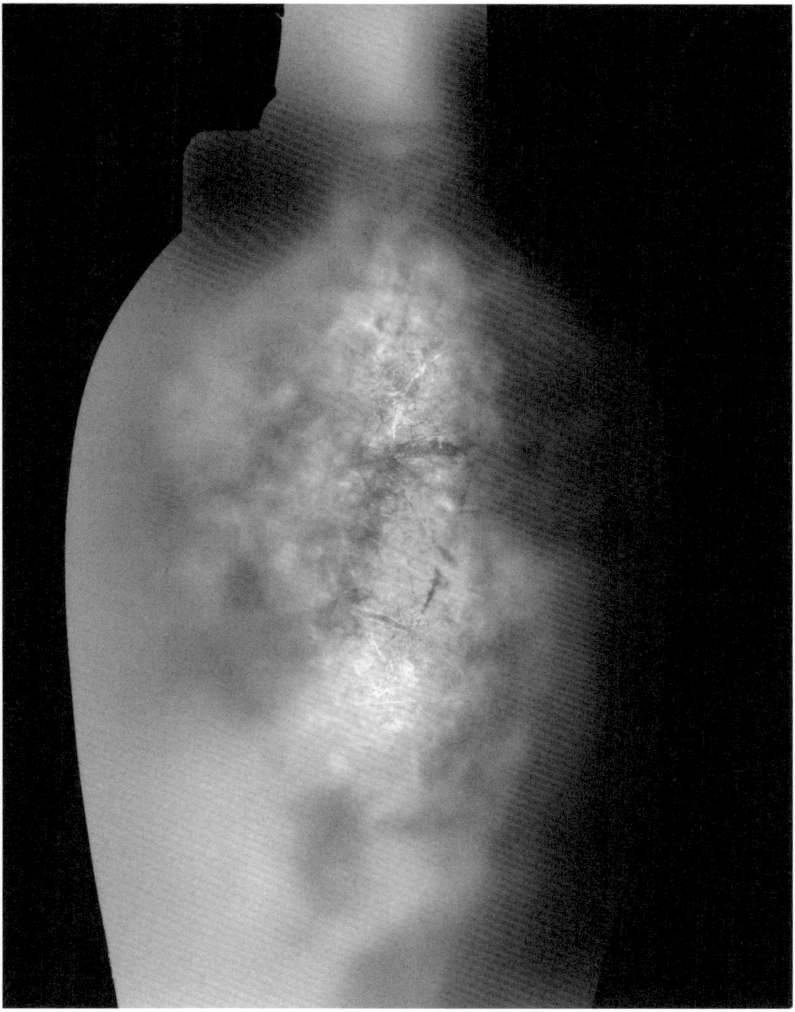

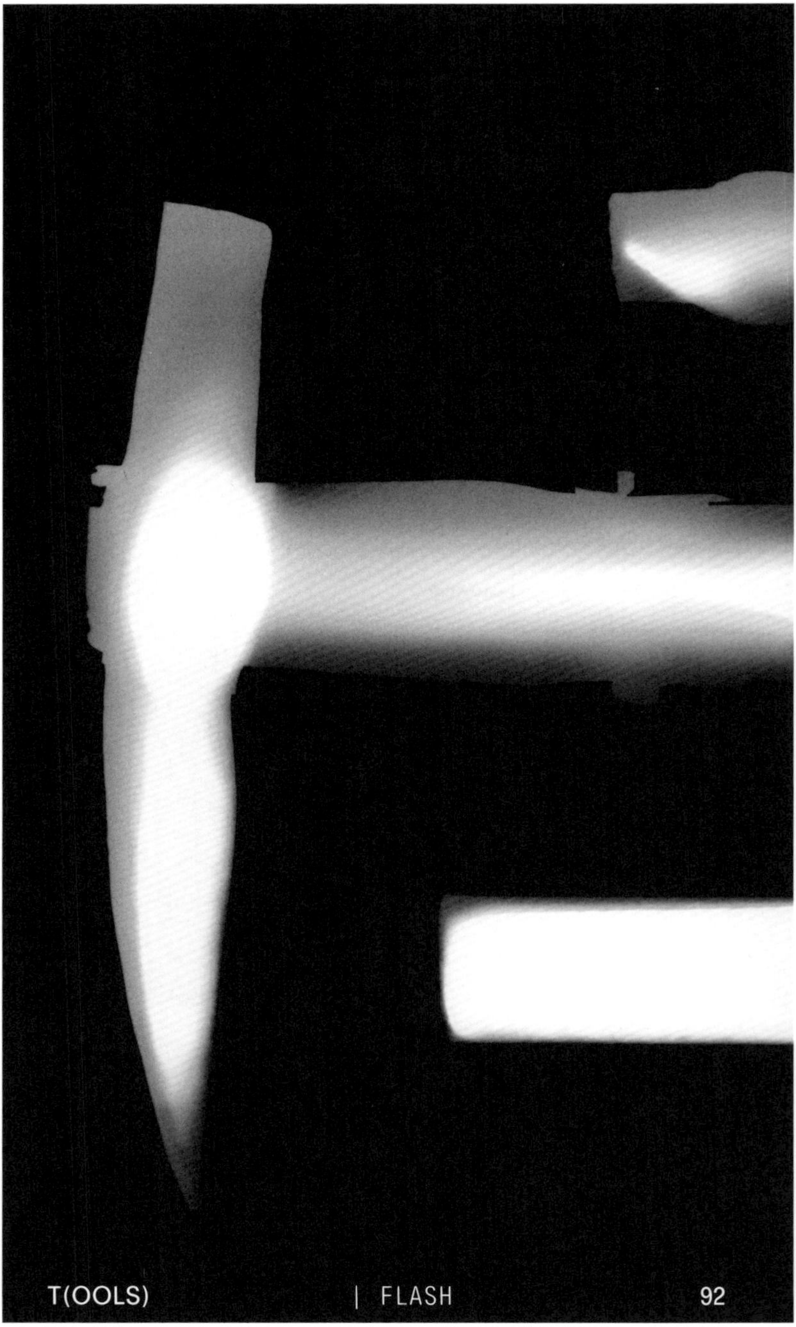

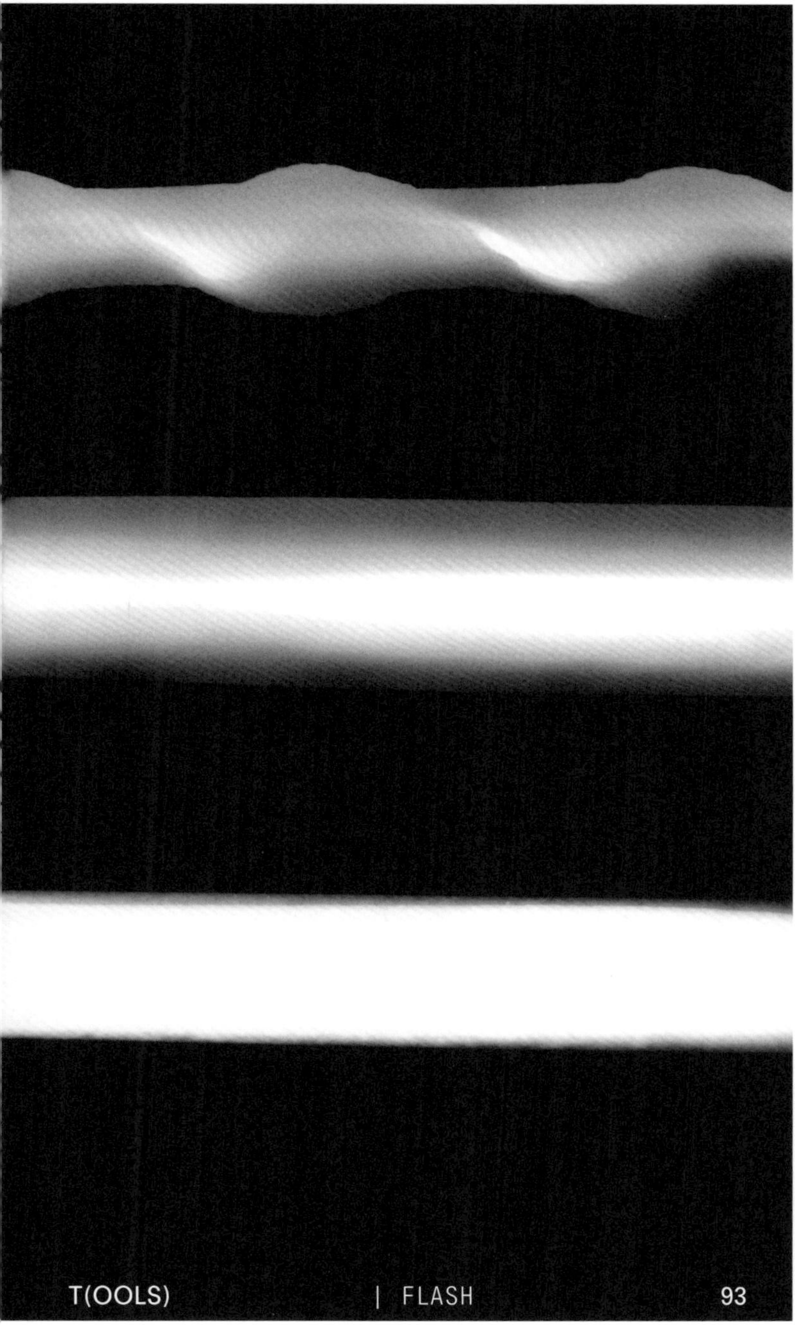

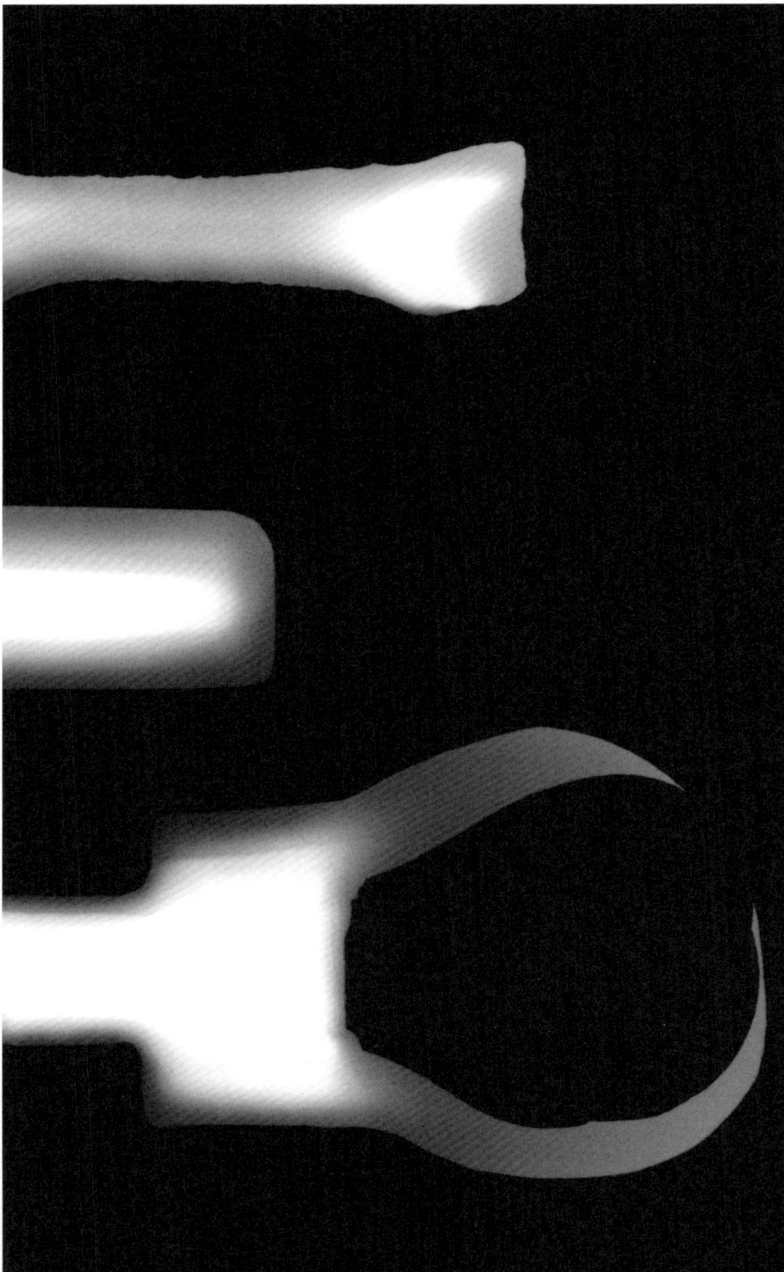

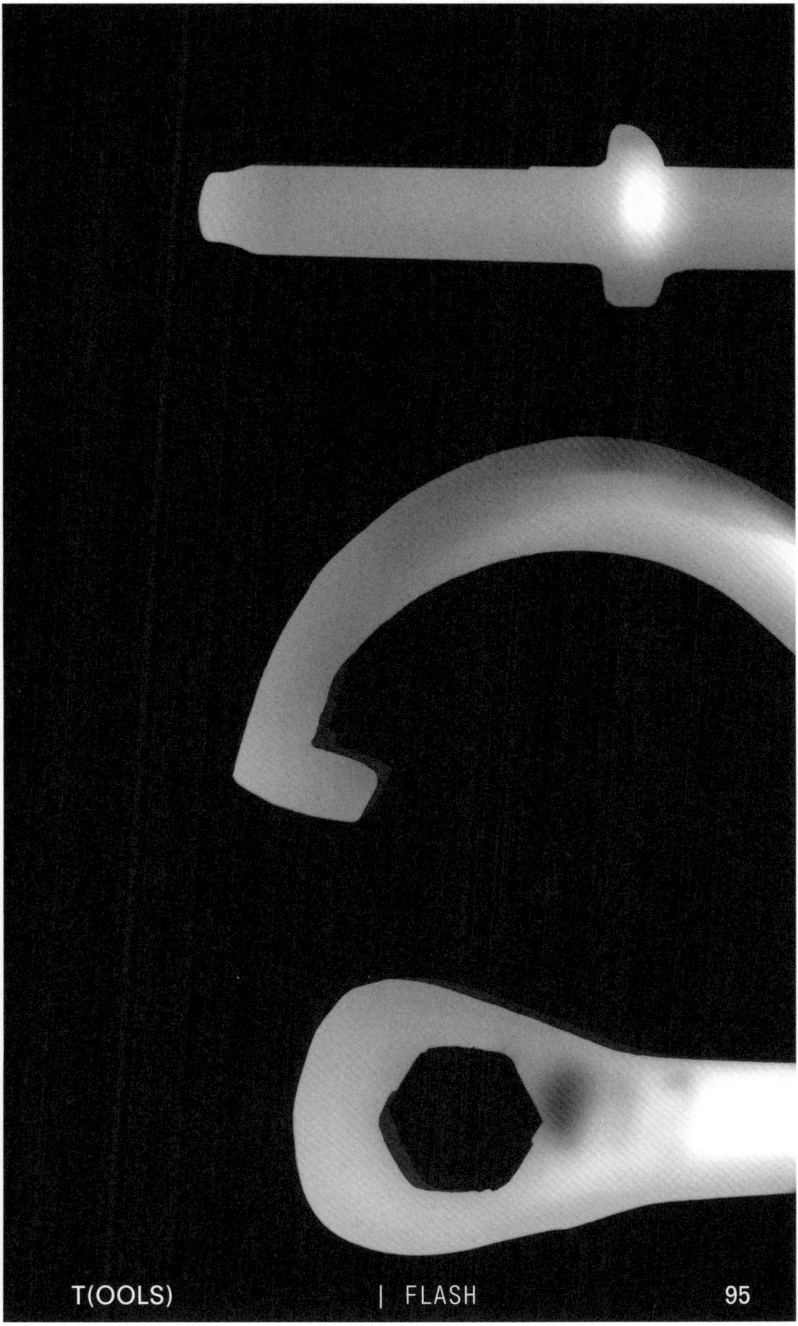

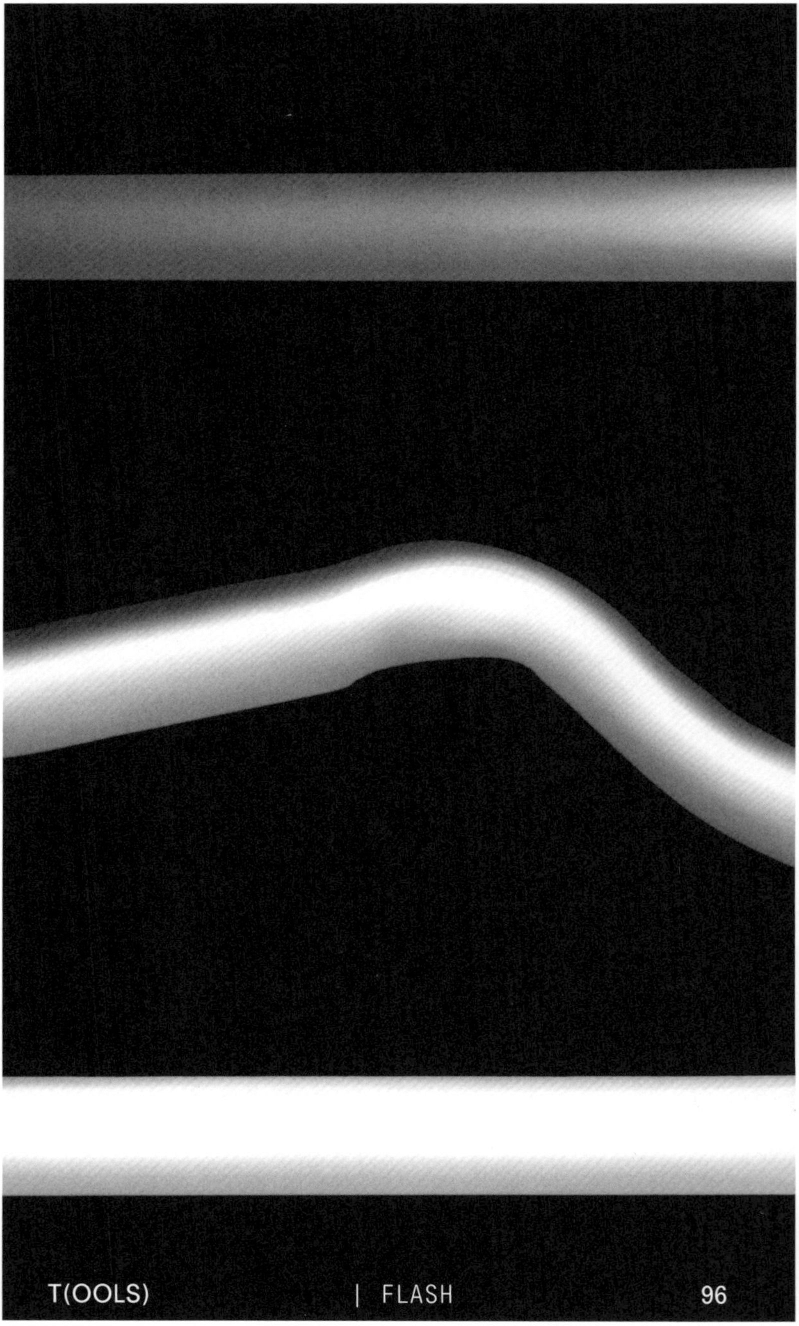

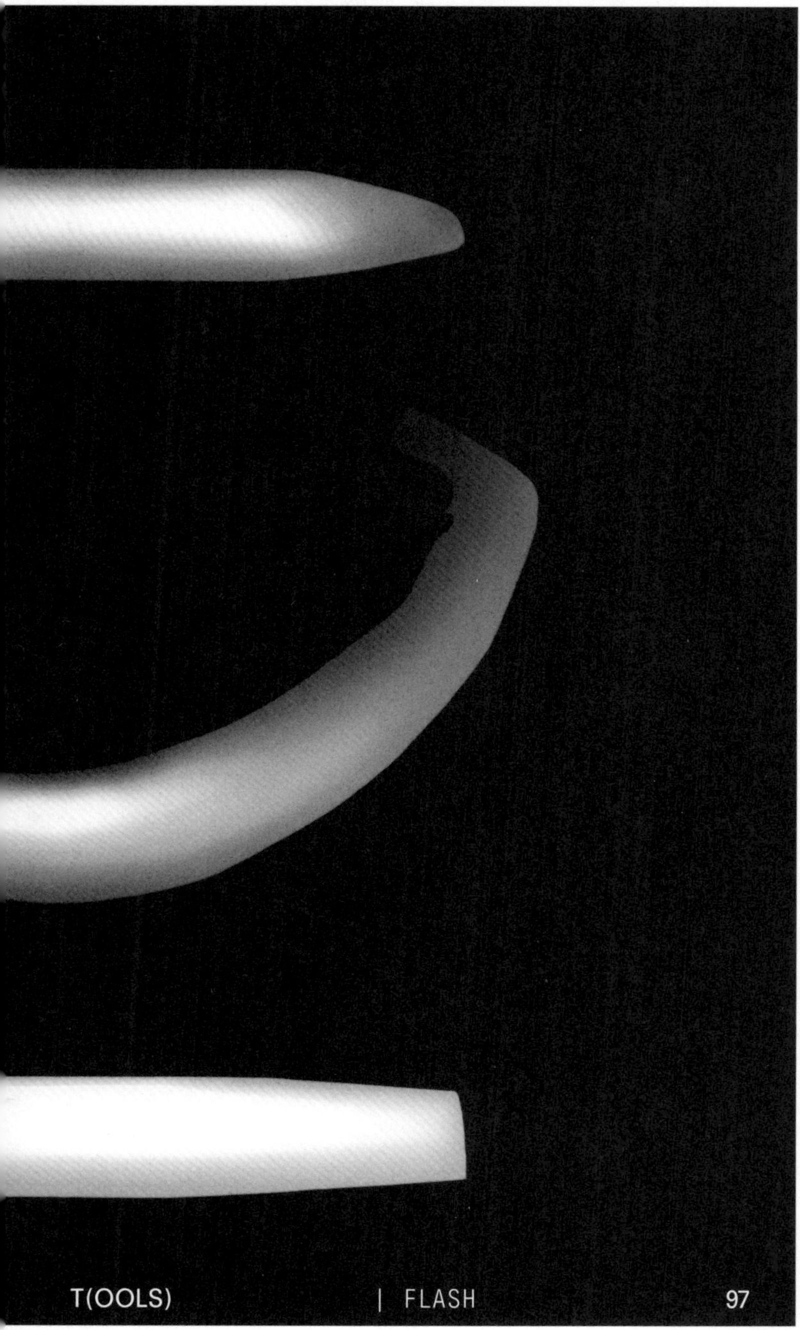

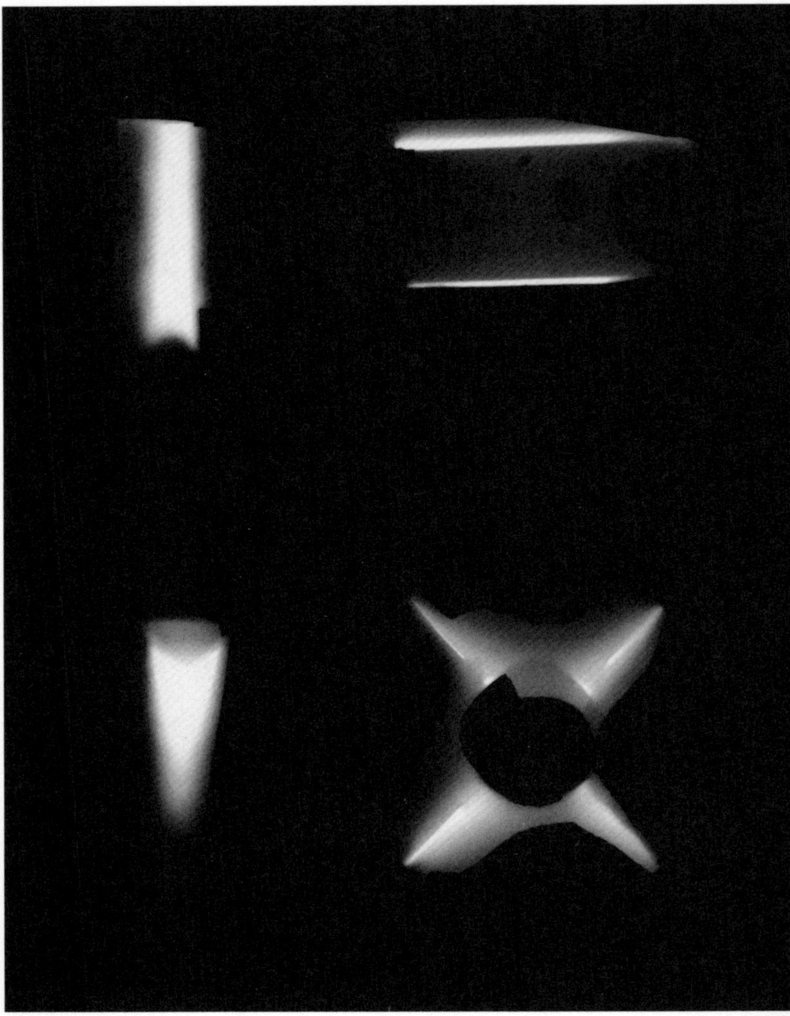

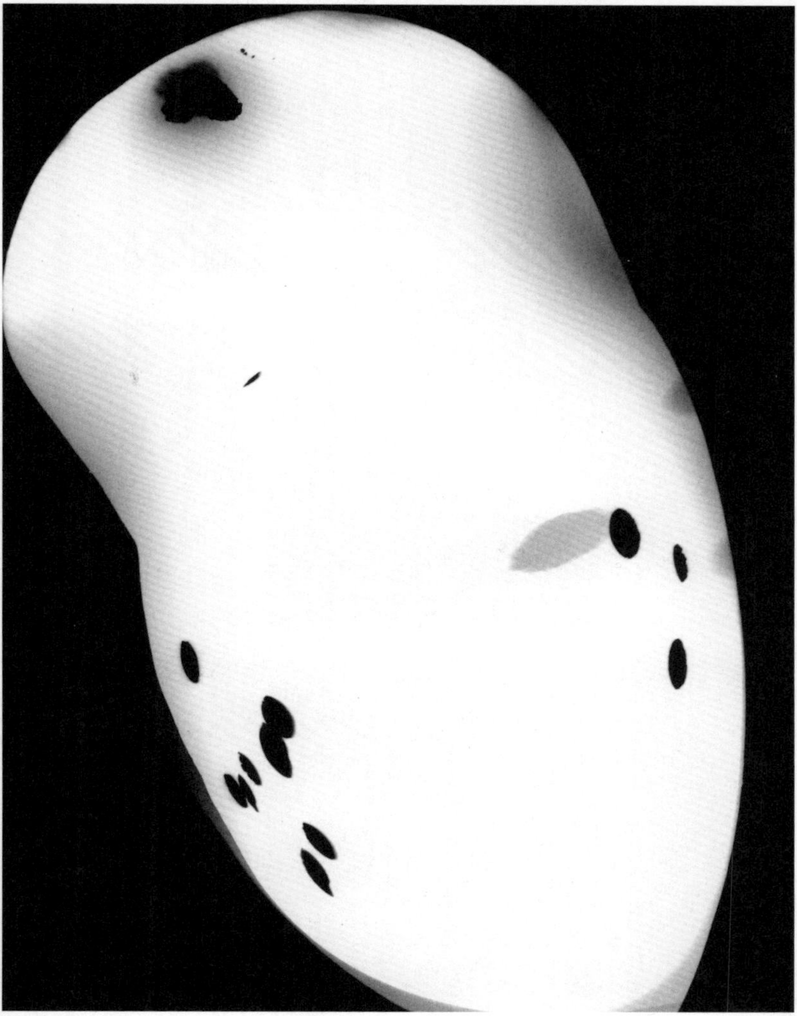

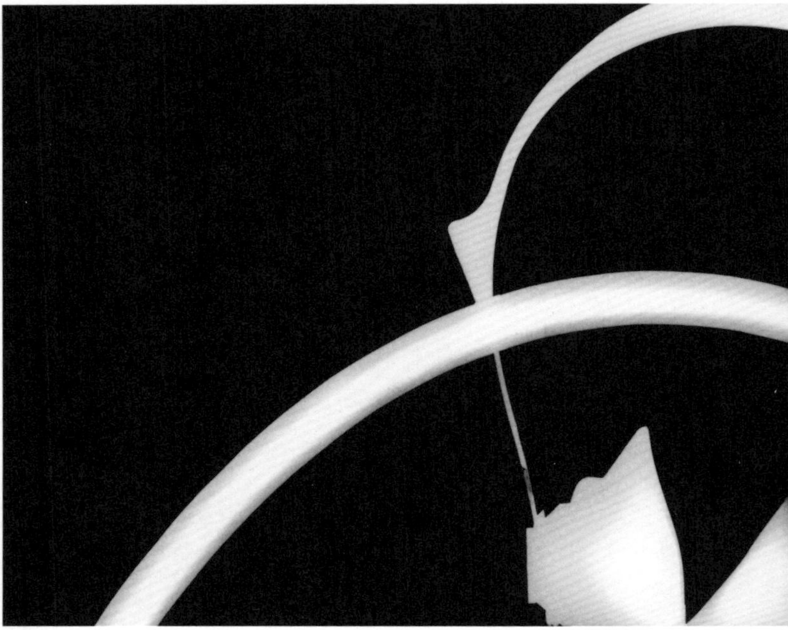

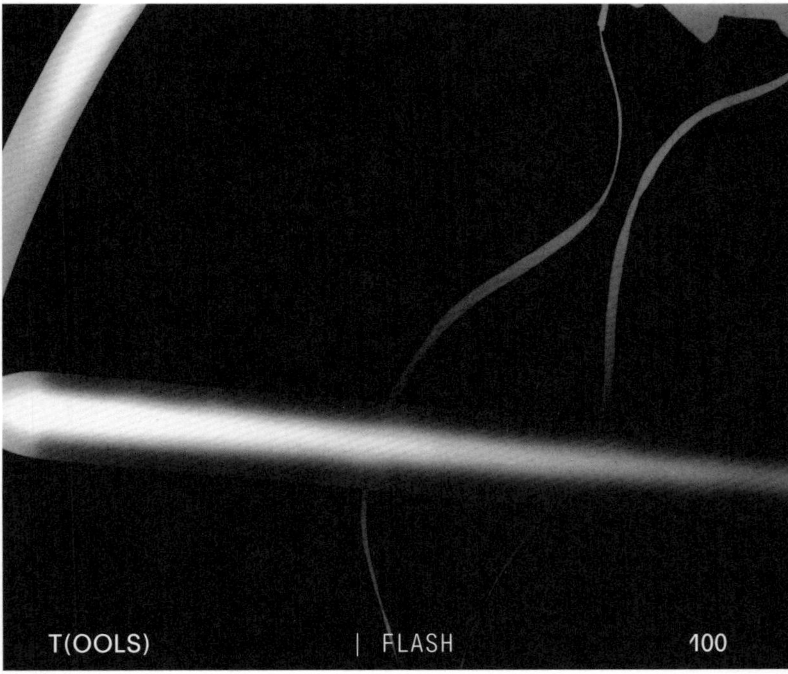

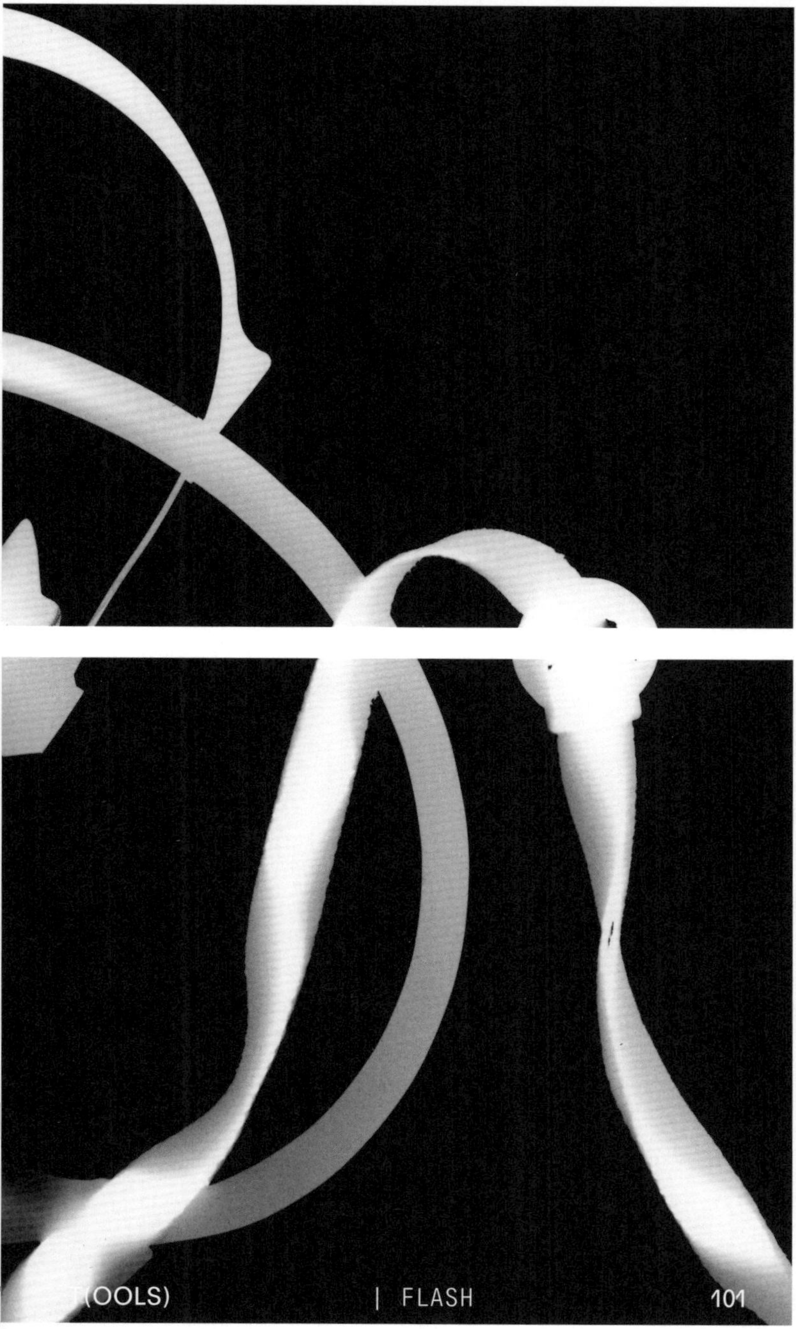

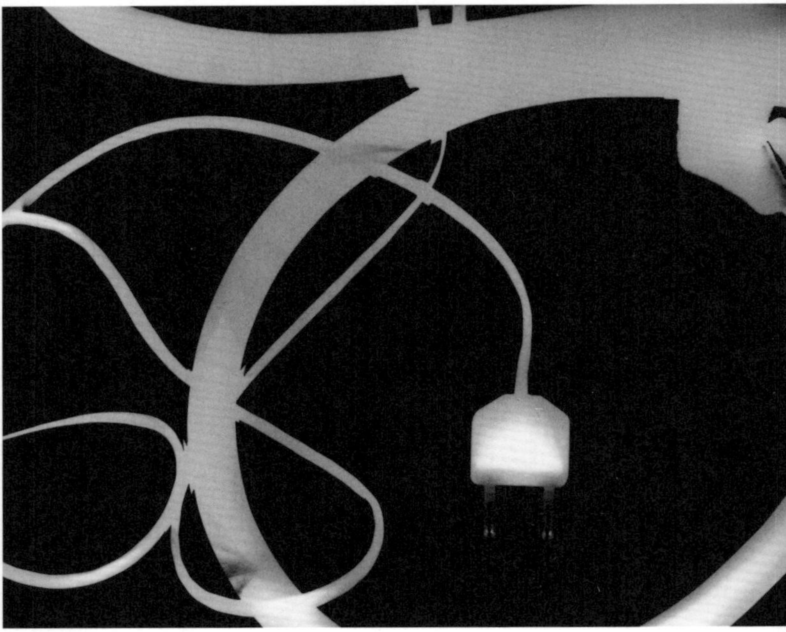

IV

THE SLOW VIOLENCE OF RADIOLOGICAL MEDIA

Jussi Parikka

DIE SCHLEICHENDE GEWALT RADIOLOGISCHER MEDIEN

Bedeutet eine kameralose Belichtung zugleich auch eine subjektlose Fotografie? Im Nachhinein, wenn das Spektrum des Sichtbaren aus allem entfernt wurde, was wir Menschen mit dem Auge wahrnehmen, bleibt noch eine visuelle Kultur, die sich im Post-Anthropozän verortet. Das Archiv der Strahlung ist sowohl die natürlichste kosmische Sache, als auch ein Index der „Great Acceleration", der „Großen Beschleunigung" im Erdsystem seit dem Beginn des Atomzeitalters um 1945. Die Welt erstrahlt und strahlt in der Abendröte dieses Zeitalters.

Strahlung war in mancher Hinsicht bestimmend für die Anfänge der Fotografie und der Medien. Roland Barthes behauptete, fotografische Bilder wirkten mittels Emanation, das Sehen sei ein Teilbereich des Tastsinns, und visuelle Eindrücke verweilten in unseren Augen, auf unserer Haut, im Gehirn auf eine Art und Weise, die mehr aus ihnen mache als nur einen fernen Gegenstand oder dessen Abbild. „Von einem realen Objekt, das einmal da war, sind Strahlen ausgegangen, die mich erreichen, der ich hier bin; die Dauer der Übertragung zählt wenig; die Photographie des verschwundenen Wesens berührt mich wie das Licht eines Sterns."[1] Vielleicht sollten wir Barthes hier ganz beim Wort nehmen: denn das strahlende Uran spielte eine entscheidende Rolle in der Geschichte der Fotografie. Radioaktive Stoffe sind Teil der Materialgeschichte der Medientechnologien, und diese Geschichte erzählt sich über eine Reihe alternativ einsetzbarer Chemikalien und Materialien,

1 Roland Barthes, *Die helle Kammer*, Frankfurt am Main, Suhrkamp, 1989, S. 90f.

Does a cameraless exposure also imply a subjectless photography? After the fact, after the usual spectrum of visibility has been evacuated from perception, what remains is a visual culture that registers as post-Anthropocene. The archive of radiation is both the most natural, cosmic occurrence and is yet an index of the Great Acceleration that emerged from the nuclear era, circa 1945. The world is illuminated and radiates in the afterglow of this era.

Radiation stands at the start of photography and of media in more ways than one. Roland Barthes argued that images work by way of emanation; the visual is a subset of a tactility that lingers on our eyes and skin in ways that exceed the mere image of a distanced object. "From a real body, which was there, proceed radiations which ultimately touch me, who am here; the duration of the transmission is insignificant; the photograph of the missing being, as Sontag says, will touch me like the delayed rays of a star."[1] Perhaps we should read Barthes' words literally. Uranium played a key part in the history of photography and such radioactive fragments form part of the material history of media technologies. This is a history that narrates itself through a variety of alternative chemicals and materials, reactions and counter-reactions that together form luminescence and sound. Media are chemistry, particularly uranium, which was used as photographic toner.

The radiation that inaugurated a new era of scientifically-supported visuality, and transparency, preceded many usual scenes of mediation. The radiating visual culture of the

1 Roland Barthes, *Camera Lucida*, Translated by Richard Howard (New York: Hill and Wang, 1981), pp. 80–81.

Reaktionen und Gegenreaktionen, die Lumineszenzen und Laute ergeben. Medien sind Chemie; im speziellen Fall dient das Uran als Toner.

Mit der Strahlung begann ein neues Zeitalter einer auf Wissenschaft gestützten Bildhaftigkeit und Transparenz. Dies ging den uns geläufigen Szenen der Mediatisierung lange voraus. Die strahlende Bildkultur des durchsichtigen Körpers beginnt mit Wilhelm Conrad Röntgens Versuchen, die uns als Röntgenbilder bekannt sind. Dieser neuartige, durchdringende Blick begnügt sich nicht damit, auf der Oberfläche zu verweilen. Er ist, wie Beatriz Colomina schreibt, eine Art Probebohrung, die ans Licht bringt, dass Körper bereits teiltransparente architektonische Gebilde sind.[2] Inneres wird entblößt, berührt. In einer historischen Parallele zur Verbreitung der modernen Glasbauweise werden Architekturen von Innen nach Außen offenbart. So banal manche dieser Räume sein mögen, sie verschmelzen allesamt in den modernen Gewalten der Medizin, der Überwachung und des Krieges.

In einer berühmten Szene der Röntgen'schen Versuche probiert Wilhelm die Strahlen, denen er zunächst verschiedene Gegenstände ausgesetzt hat, an seiner Frau Bertha aus. Ihre Worte nehmen auf eher unheimliche Weise das nahende Zeitalter der Radioaktivität vorweg: „Ich habe meinen Tod gesehen." Im Atomzeitalter, unter dem Eindruck der totalen Bestrahlung unseres Planeten durch gigantische Lichtexplosionen, haben wir den Tod *aller Menschen* gesehen. Der Horizont kollektiver Vernichtung prägte insbesondere die Jahre des Kalten Krieges. Aber die Entdeckung der Radioaktivität – eine

---

2 Beatriz Colomina, „X-Screens: Röntgen Architecture", e-flux, 2015, http://www.e-flux.com/journal/x-screens-rontgen-architecture/, 2015, zuletzt besucht am 28.4.2016.

transparent body emerges with Wilhelm Conrad Röntgen's experiments. We know this technological phenomenon as an X-ray. Such a new penetrative gaze was not content to linger on the body's surface, but became a probe of sorts, one that, as Beatriz Colomina writes, articulates how bodies are already partially transparent architectural entities.[2] Insides are exposed, touched. Architectures are revealed from the inside out, in a development parallel to the emergence of glass architecture in its modern form. Such spaces, as mundane as they may be, converge in the modern powers of medicine, surveillance, and war.

In a famous scene in Röntgen's experiment, he moves from examining the effect of rays on objects to experimenting on his wife, Bertha Röntgen, whose words are rather eerily prescriptive of the emergence of the era of radiation: "I have seen my own death." With the nuclear era, and the total exposure of the planet as a massive event of explosive light, we have seen *everyone's* death. This horizon of collective annihilation specifically branded the Cold War years. But the discovery of radioactivity—a story well suited to chemistry classes in schools all over the world—is itself a story of the emergence of the media of radioactivity. From mineralogist Henri Becquerel's accidentally artful photographs with uranium to laboratory installations that read as artworks, such as C.T.R. Wilson's cloud chamber for visualizing particle physics and cloud structuration, one could explicate the condition of the existence of the nuclear age as one of various apparatuses of mediation. Computers are of course one part

2 Beatriz Colomina, "X-Screens: Röntgen Architecture," (e-flux, 2015), http://www.e-flux.com/journal/x-screens-rontgen-architecture/, accessed April 28, 2016.

Geschichte, die sich im Chemieunterricht aller Schulklassen dieser Welt gut erzählen lässt – ist eigentlich auch die Geschichte der Entwicklung neuer Medien der Radioaktivität. Von der fotografischen Zufallskunst des Mineralogen Henri Becquerel, der mit Uran experimentierte, bis hin zu Labor-Kunst-Installationen wie der Nebelkammer von C.T.R. Wilson zum Sichtbarmachen von teilchenphysikalischen Phänomenen und der Beschaffenheit von Wolken könnte man die Voraussetzung für das Atomzeitalter damit erklären, dass die unterschiedlichsten Medienapparaturen zur Verfügung standen. Rechner sind selbstverständlich Teil dieses Medienverbundes, aber dieser umfasst noch vieles mehr. Auch solche Kuriositäten wie Röntgenplatten, die in der Sowjetunion zur Zeit des Kalten Krieges als Trägermaterial für die Herstellung raubkopierter Schallplatten zweckentfremdet wurden, sind Teil davon.[3]

Medien stehen also nicht am Ende der Entdeckung von Radioaktivität, sondern an deren Anfang. Bevor sie zu Unterhaltungsgeräten domestiziert wurden, waren sie (wie Wolfgang Ernst immer wieder gezeigt hat) als Messinstrumente schon Bestandteil der epistemologischen Funktion von Strahlung.[4] Geigerzähler sind vielleicht das erste, woran man in diesem Zusammenhang denkt. Doch alles, was gemessen wird, dient zugleich als Messverfahren, wenn auch in noch ungewohnter Art und Weise. So gibt uns die Radioaktivität ein Zeitmaß vor, das nicht an die kategorischen Normen menschlicher Zeit gebunden ist. Vielleicht umfasst sie nicht einmal einen an der menschlichen Wahrnehmung ausgerichteten zeitlichen Horizont.

---

3 Vgl. The X-Ray Audio Project, https://x-rayaudio.squarespace.com/the-project/, zuletzt besucht am 28.4.2016.

4 Wolfgang Ernst, *Gleichursprünglichkeit. Zeitwesen und Zeitgegebenheit technischer Medien*, Berlin: Kadmos, 2013.

of the assemblage, but not the only one. Radiation in the form of X-ray technology makes another curious sort of appearance in the Cold War-era Soviet Union: X-ray plates were also repurposed for the use of making bootleg recordings.[3]

Media is not at the end of the discovery of radiation, but at its beginning. Before media became domesticated as entertainment devices, it had already served as part of the epistemological function of radiation as a measurement device (as Wolfgang Ernst so often has argued).[4] Geiger counters are the obvious reference point, but that which is measured also functions as a method of measuring in unfamiliar ways: radioactivity gives a measure of time that is not tied to our normalized categories of human time, or even necessarily to time's horizon of intelligibility. Radiation and the half-life of radioactive material have become a new temporal axis for how we count and calculate existence. This is a suitable, archival time for the future. To estimate the future through the half-life of radioactivity relates to the calculated habitability of Chernobyl, of Fukushima, of endless places to which we may or may not return. In such sites we measure not only the existence of radiating particles, but the particles themselves are the measure of the planet, before and after.

In philosopher and architectural theorist Paul Virilio's work, the connection between the nuclear and the visual becomes most clearly articulated. For Virilio, the era of the collective nuclear threat, i.e. the Cold War, is also a new

---

3 See The X-ray Audio Project, https://X-rayaudio.squarespace.com/the-project/, accessed April 28, 2016.

4 Wolfgang Ernst, *Gleichursprünglichkeit. Zeitwesen und Zeitgegebenheit technischer Medien* (Berlin: Kadmos, 2013).

Strahlung und Halbwertszeiten radioaktiver Materialien bilden eine neue Zeitachse für unser Zählen und Rechnen. Sie bewähren sich als Archivzeit der Zukunft. Diese Zukunft anhand der Halbwertszeiten von strahlenden Materialien auszurechnen, ist von Bedeutung etwa für die Frage nach der künftigen Bewohnbarkeit von Tschernobyl, Fukushima und unzähligen anderen Schauplätzen atomarer Ereignisse, an die wir eines Tages zurückkehren könnten. Wir messen nicht nur das Vorhandensein der jeweiligen strahlenden Teilchen, sondern diese Teilchen sind selbst Zeitmaß des Planeten, vorher und nachher.

Im Werk des Philosophen und Architekturtheoretikers Paul Virilio wird die Verbindung zwischen strahlendem Atom und Sehen am deutlichsten benannt. Nach Virilio ist das neue Zeitalter der kollektiven atomaren Bedrohung, das heißt der Kalte Krieg, zugleich eines der Belichtung und Bestrahlung. Es kann als gigantische Erweiterung aller Möglichkeiten betrachtet werden, Körper zu durchleuchten. Strahlende Medien gibt es als Quellen von Licht oder Radioaktivität in jeder nur denkbaren Größenordnung, vom winzigsten Objekt bis hin zu planetaren Ausmaßen. Zum Atomzeitalter, schreibt Virilio, gehört ein „neues optoelektronisches Arsenal. Es umfasst die medizinische Ferndiagnose, mit der eine Untersuchung „auf Herz und Nieren“ in Echtzeit möglich ist, genauso wie die globale Fernüberwachung, die sich von der Straßenecke über das gesamte Weltall erstreckt, und – so viel steht fest – den unaufhaltbaren Cyber-Zirkus.“[5]

Atomforschung war insbesondere auch an der Erforschung des Wetters und seiner fluktuierenden Muster beteiligt und modellierte dieses sogar als komplexes System von

---

5 Paul Virilio, *Information und Apokalypse. Die Strategie der Täuschung*, München: Hanser, 2000, S. 31f.

era of exposure, which one can see as a massive expansion of the possibilities for understanding most bodies as transparent. As sources of light, and exposure, radiating media shifts across scales from minuscule objects to planetary dimensions. Virilio writes that the nuclear era is also one of "the new opto-electronic arsenal, which ranges from remote medical detection devices, probing our 'hearts and loins' in real time, to global remote surveillance (from the street-corner camera to the whole panoply of orbital satellites), with the promised emergence of the cyber-circus still to come."[5]

More specifically, nuclear research was linked with research about the weather and its fluctuating patterns—even modelling its behaviour as a complex, interlocked system. Besides meteorology, many scientific disciplines that were interested in the planetary condition were essential for the Cold War period, where the seemingly artificial—technologies of nuclear power and destruction—and the natural—the earth—were inherently and intimately tied to each other: "geodesy (for accurate mapping and missile guidance), oceanography (for submarine and naval warfare), seismology (for detecting nuclear tests), climatology (for anticipating likely conditions at potential sites of conflict), and weather forecasting itself."[6]

Such technologies of knowledge and visual practice were, on a larger scale, not perhaps as visible as we might imagine. We usually think of visuality as that which lends itself to the human eye in the luminescence of an object, not as something connected to the wider transparency of the

---

5 Paul Virilio, *The Information Bomb: Radical Thinkers*, trans. Chris Turner (London: Verso, 2005), p. 29.

6 Paul N. Edwards, *A Vast Machine: Computer Models, Climate Data, and the Politics of Global Warming* (Cambridge, MA: The MIT Press, 2010), p. 189.

Wechselwirkungen. Wie die Meteorologie galt in den Jahren des Kalten Krieges auch jede andere Wissenschaft als strategisch unverzichtbar, die sich mit der Beschaffenheit des Planeten auseinandersetzte. Das vermeintlich Künstliche – Technologien der Atomenergie und der atomaren Zerstörung – war in dieser Zeit mit der Natur – der Erde – eng und untrennbar verbunden: „die Geodäsie (für genaue Karten und die Raketenlenkung), die Ozeanografie (für den U-Boot- und Seekrieg), die Seismologie (zum Erkennen von Atomtests), die Klimawissenschaften (zur Prognose wahrscheinlicher Bedingungen in potenziellen Konfliktzonen) und selbst die Wettervorhersage."[6]

Solche Technologien des Wissens und deren Verbildlichung waren damals vielleicht nicht so sichtbar, wie wir uns das heute vorstellen. Wir denken bei Sichtbarkeit gewöhnlich an das, was sich dem menschlichen Auge als leuchtende Reflexion an der Oberfläche eines Gegenstandes darstellt, nicht so sehr an den Zusammenhang einer allumfassenden Transparenz der Erde. Beatriz Colomina deutet an, dass eben diese strahlende Durchleuchtung schon seit Röntgens Zeiten den Überwachungsapparat ausmachte – als ein bildgebendes Verfahren und eine Metapher für das Sichtbarmachen von Dingen.

Worum geht es dabei, abgesehen von der Überwachung der Menschen, sonst noch? Um die Erde als Gegenstand, als Rohstoff. Die Erde als Ressource aufzufassen, war eine notwendige Voraussetzung für das radioaktive Zeitalter. Ebenso notwendig sind naturgemäß die Handelsrouten und logistischen Dispositionen über die Materialien, darunter nicht zuletzt Uran, an Ort und Stelle ihrer Nutzung gelangen. Und wenn nun dies von Anfang an eine geheime, parallele Geschichte

---

6 Paul N. Edwards, *A Vast Machine. Computer Models, Climate Data, and the Politics of Global Warming*, Cambridge (MA): MIT Press, 2010, S. 189.

planetary. As Colomina hints, already since the Röntgen era, this sort of radiation was also the radiation of the surveillance apparatus, a visual practice, and metaphor, for that which makes things visible.

So, what else besides the surveillance of people are we dealing with? The earth, as an object, as a resource. Understanding the earth as an accumulation of resources was a necessary support for the radioactive era. What were likewise necessary, of course, were the supply routes and logistical arrangements that enabled materials, not least uranium, to be available for use. What if this was always already a secret, parallel history of the earth, of its technologies and technological understanding? Consider Sean Cubitt's words: "The extraction of precious metals needed to build telecommunications infrastructures and devices runs parallel to the extraction of energy sources, including oil, uranium, and, in many instances, hydroelectric schemes, all of which have tended to cluster in regions previously thought desolate enough to be turned into reservations for the unwanted indigenous populations of settler colonialism."[7] It is the systematic mapping of the planet for its resources: food, water, minerals, energy, uranium.

A radioactive afterlife seems to be a sort of measure for a future, post-human archive. With her *Library for Radioactive Afterlife* however Susanne Kriemann asks to what degree that afterlife may already exist. Consider, instead of a speculative futurism, a post-human contemporary. The Gulf War and subsequent military actions in Iraq saw a live battlefield make use of depleted American and British uranium

---

7 Sean Cubitt, "Decolonizing Ecomedia," *Cultural Politics*, Volume 10, Issue 3 (Durham, NC: Duke University Press, 2014: pp. 275–86), p. 281.

der Erde und ihrer Technologien, der technologischen Erdauffassung wäre? Sean Cubitt gibt zu bedenken: „Die Ausbeutung von Edelmetallen, die für den Bau von Infrastrukturen und Geräten der Telekommunikation benötigt werden, geht einher mit der Ausbeutung von Energiequellen wie Öl, Uran und oft auch Wasserkraft. Beides konzentriert sich häufig in Gegenden, die man früher für so öde hielt, dass der Siedlerkolonialismus aus ihnen Reservate für unerwünschte indigene Bevölkerungen machte."[7] Es findet eine systematische Erfassung und Beschreibung des Planeten nach seinen Ressourcen statt: Nahrung, Wasser, Mineralien, Energie, Uran.

Ein radioaktiv verstrahltes Leben nach dem Tod erscheint zunächst als eine Art Maß eines künftigen, posthumanen Archivs. Mit der *Library for Radioactive Afterlife* jedoch weist Susanne Kriemann auf die Frage hin, inwieweit ein solches Jenseits heute bereits besteht. Betrachten wir anstelle irgendeines spekulativen künftigen Ereignisses eine posthumane Gegenwart: Auf den Schlachtfeldern des Golfkrieges und bei weiteren Militäraktionen im Irak setzten Briten und Amerikaner Munition mit abgereichertem Uran ein. Während der Einsatz chemischer Waffen durch völkerrechtliche Verträge verboten ist, waren und sind die zwar abgereicherten, aber extrem giftigen Urangeschosse Teil der Kriegsführung und bestimmen auch die Zeit danach. Diese Munition definierte den neuen Zeithorizont des archivischen, extensiven, anhaltenden Krieges, den Rob Nixon treffend „schleichende Gewalt" nennt: die Vergiftung von Menschen, Tieren, Pflanzen und Böden.[8] Im Irak

---

7 Sean Cubitt, „Decolonizing Ecomedia", in: *Cultural Politics*, Bd. 10, Ausgabe 3, S. 281.

8 Rob Nixon, *Slow Violence and the Environmentalism of the Poor*, Cambridge (MA): Harvard UP, 2011.

ammunition. While chemical warfare is banned by way of international conventions, the use of such depleted but extremely toxic weapons is an active part of war, and what follows. It introduces a new timescale for the archival, extensive, and continuing war that Rob Nixon aptly calls "slow violence:" the pollution of humans, animals, plants and the soil.[8] For example, in Iraq this made an impact by way of direct but slowly emerging symptoms, as well as by way of new political economic implications, such as the unavailability of local agricultural produce because of the toxic residue left behind. This also provided a new market for the American and International agricultural business corporations.

The mediations of technological warfare are, indeed, archival: "Depleted uranium (DU) possesses a durability beyond our comprehension: it had a radioactive half-life of 4.51 billion years."[9] New kinds of rays, but also the harnessing of old kinds of chemical reactions, have produced a new sort of time, that of a toxic era. We carry with us that time as a different type of archival memory, not one read by human eyes and written in the usual form of normal library content, but one that is measured by the rattle of the Geiger machine as much as by the sedimentation of various toxins of the 20th century, which our bodies literally carry with them.

---

8 Rob Nixon, *Slow Violence and the Environmentalism of the Poor* (Cambridge, MA: Harvard University Press, 2011).

9 Ibid. p. 201.

hatte das direkte, wenn auch allmählich auftretende Symptome zur Folge. Es schuf zudem neue politisch-ökonomische Gegebenheiten, da beispielsweise aufgrund der giftigen Rückstände im Boden mancherorts landwirtschaftliche Erzeugnisse nicht mehr verfügbar waren und so ein neuer Markt für amerikanische und andere internationale Agrarkonzerne entstand.

Die Wirkungsweisen der technologischen Kriegsführung sind wahrhaft archivarisch: „Abgereichertes Uran (DU) hat eine Haltbarkeit, die jedes Vorstellungsvermögen übersteigt. Seine radioaktive Halbwertszeit beträgt 4,51 Milliarden Jahre."[9] Neue Strahlarten, aber auch die Nutzung altbekannter chemischer Reaktionen, haben eine neuartige Zeit in der Dimension einer toxischen Ära hervorgebracht. Als Archivgedächtnis in anderer Form tragen wir diese Zeit mit uns herum. Sie ist für das menschliche Auge nirgendwo abzulesen. Sie wird auch nicht in der gewohnten Form in Bibliotheken eingeschrieben, sondern ist vom Rattern des Geigerzählers gekennzeichnet und von der Ablagerung verschiedener Giftstoffe des 20. Jahrhunderts, die unsere Körper buchstäblich mit sich herumtragen.

---

9 Ebenda, S. 201.

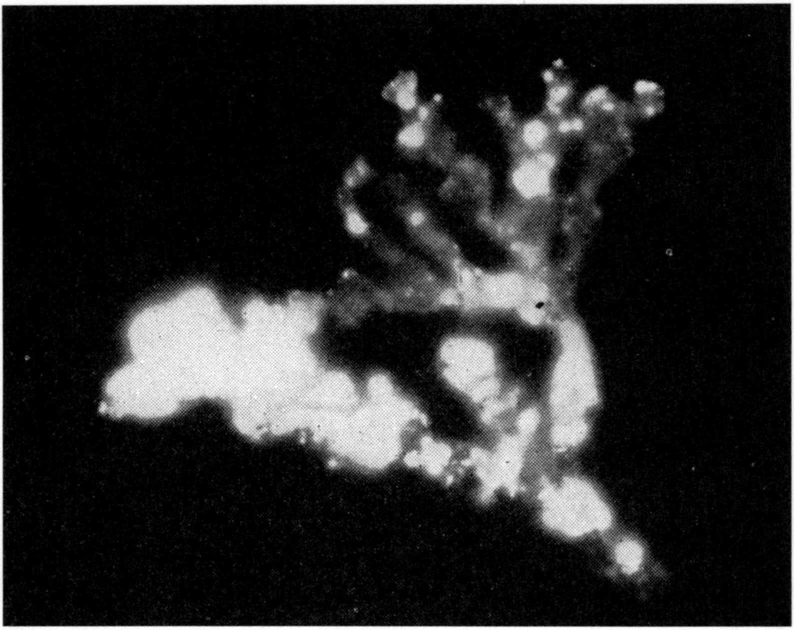

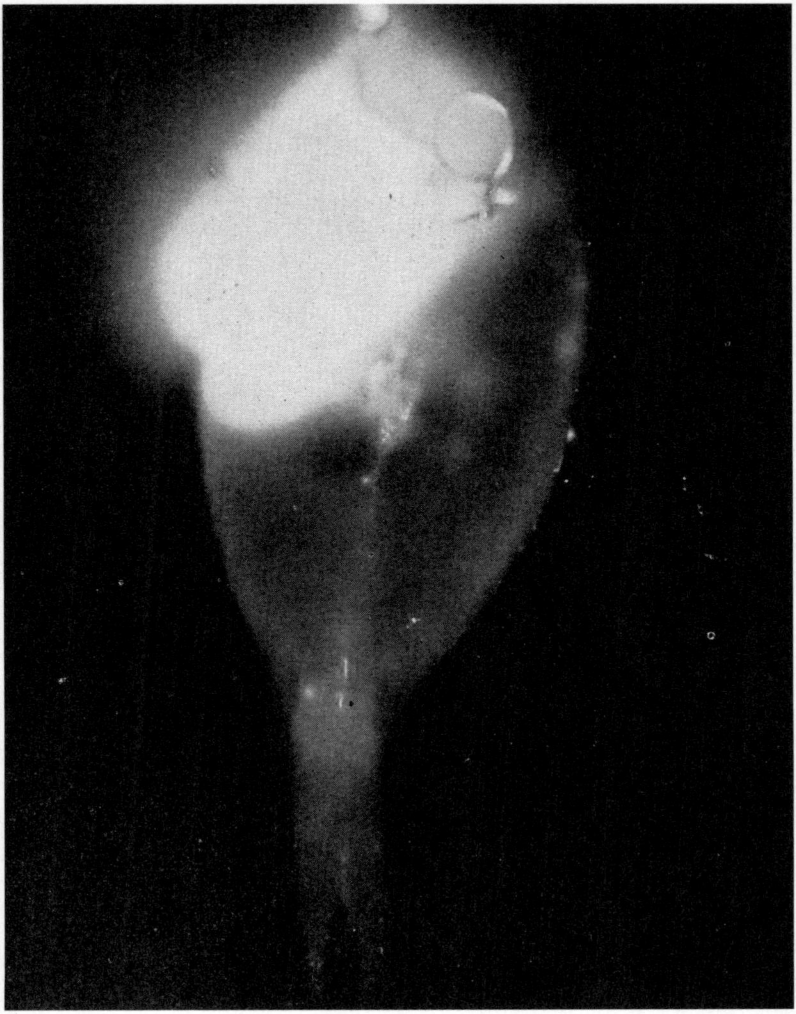

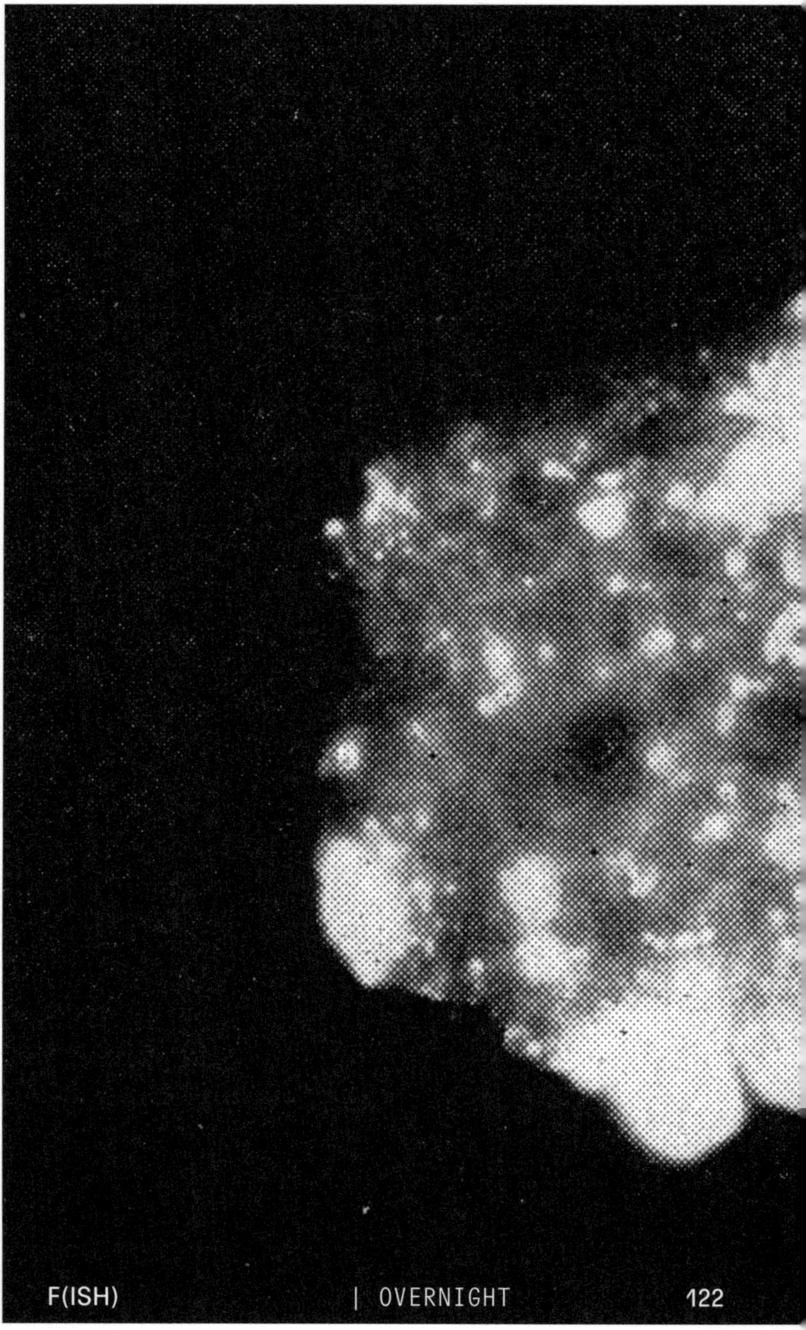

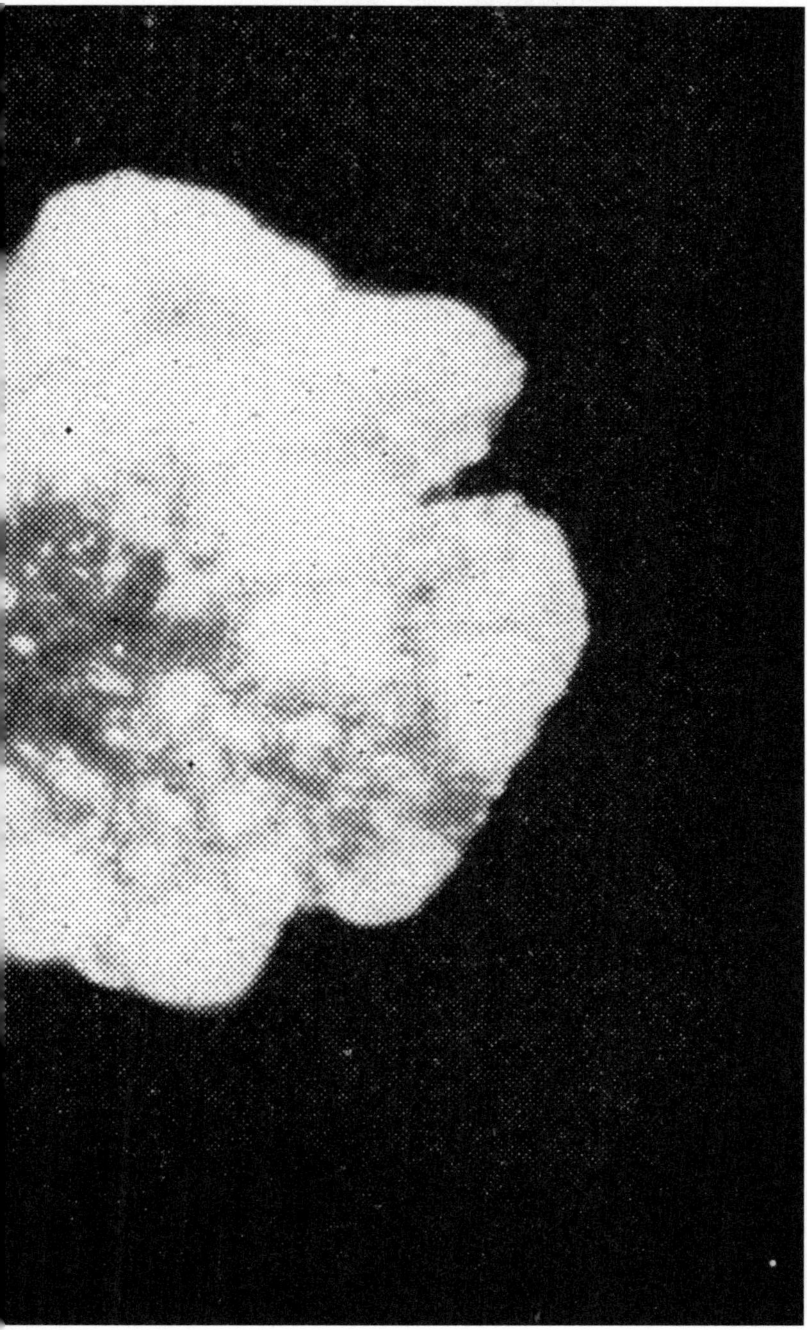

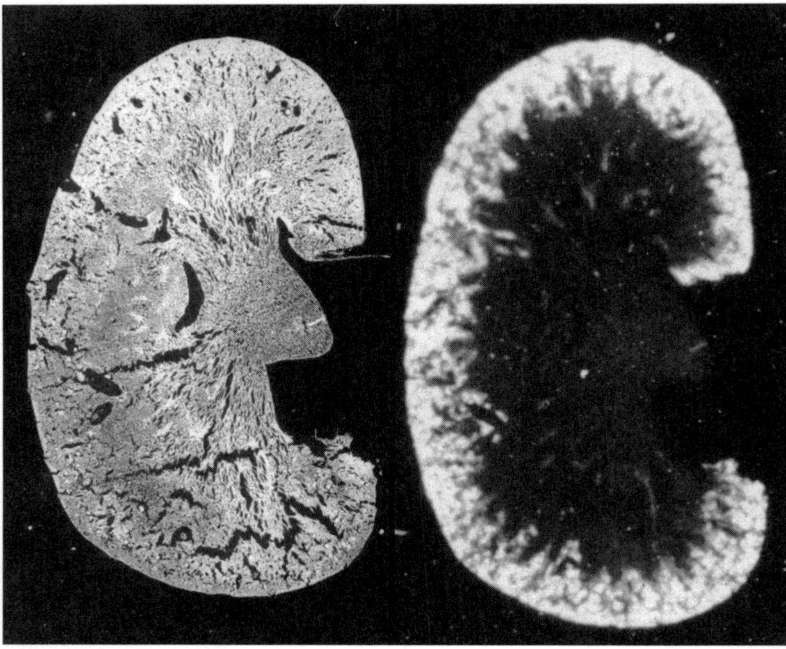

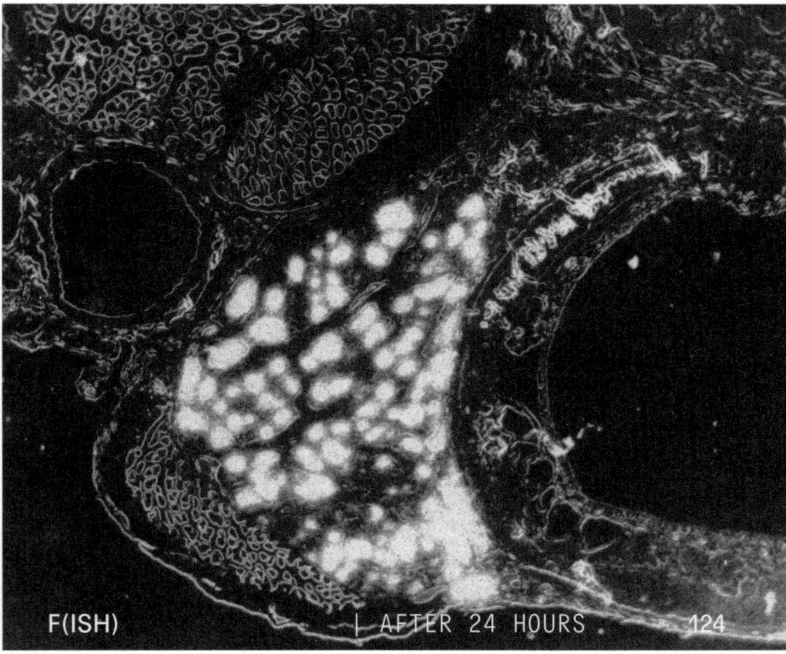

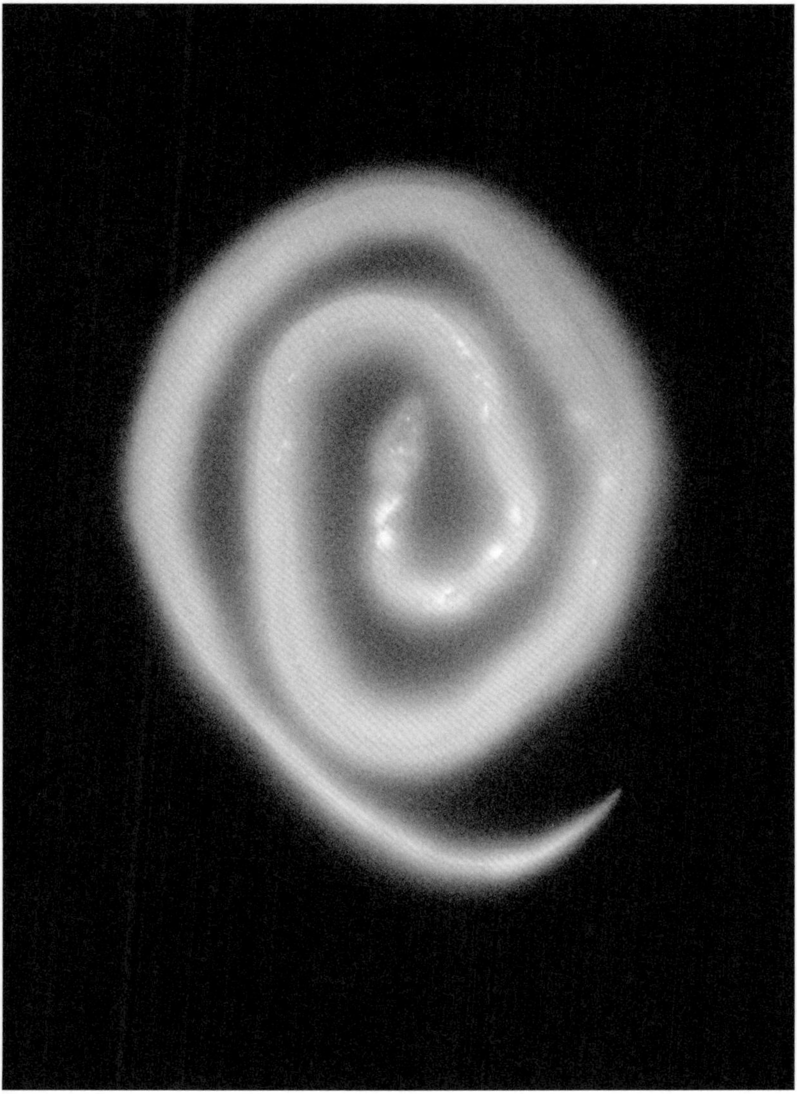

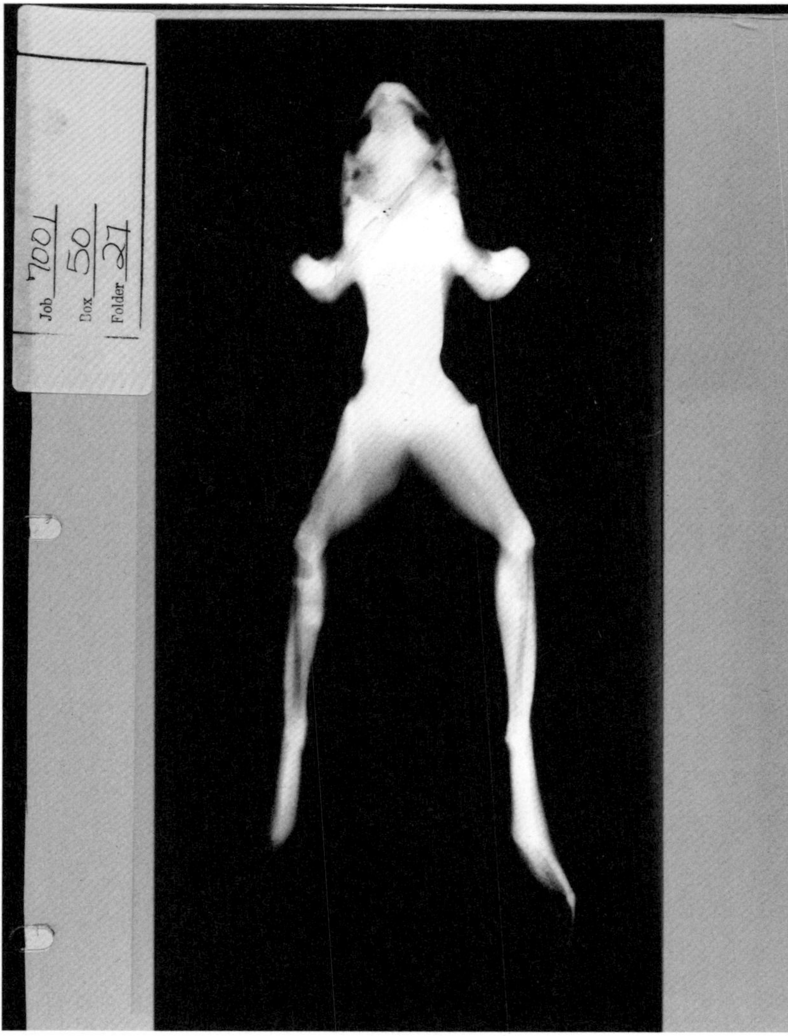
Job 7001
Box 50
Folder 27

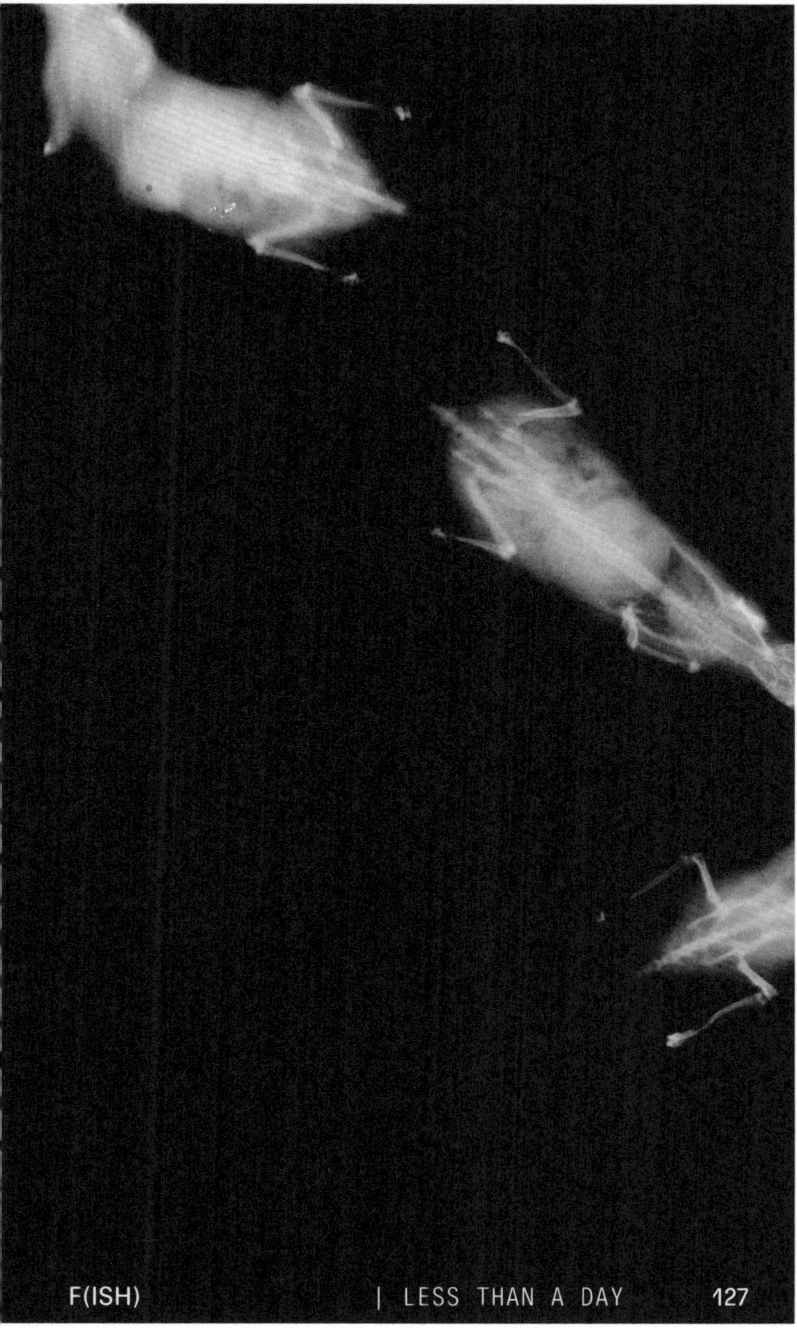

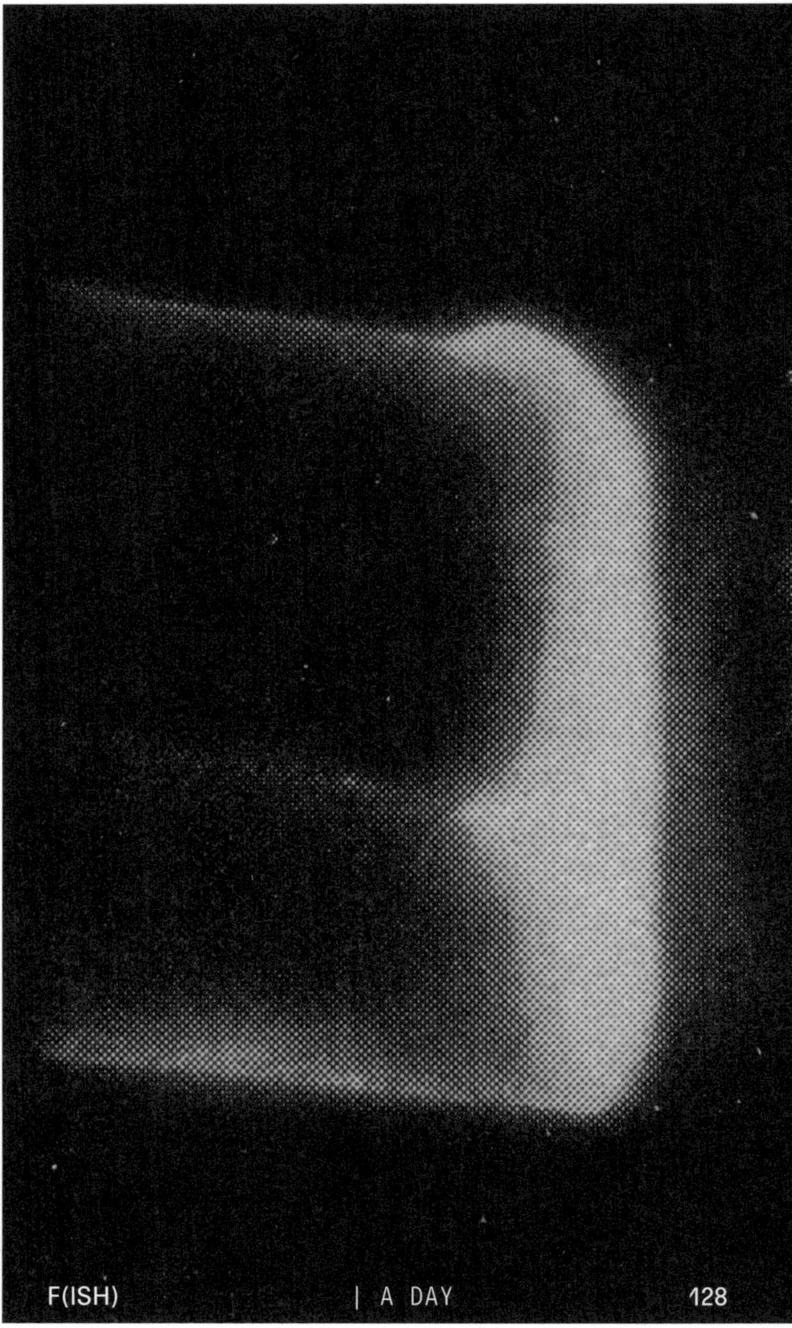

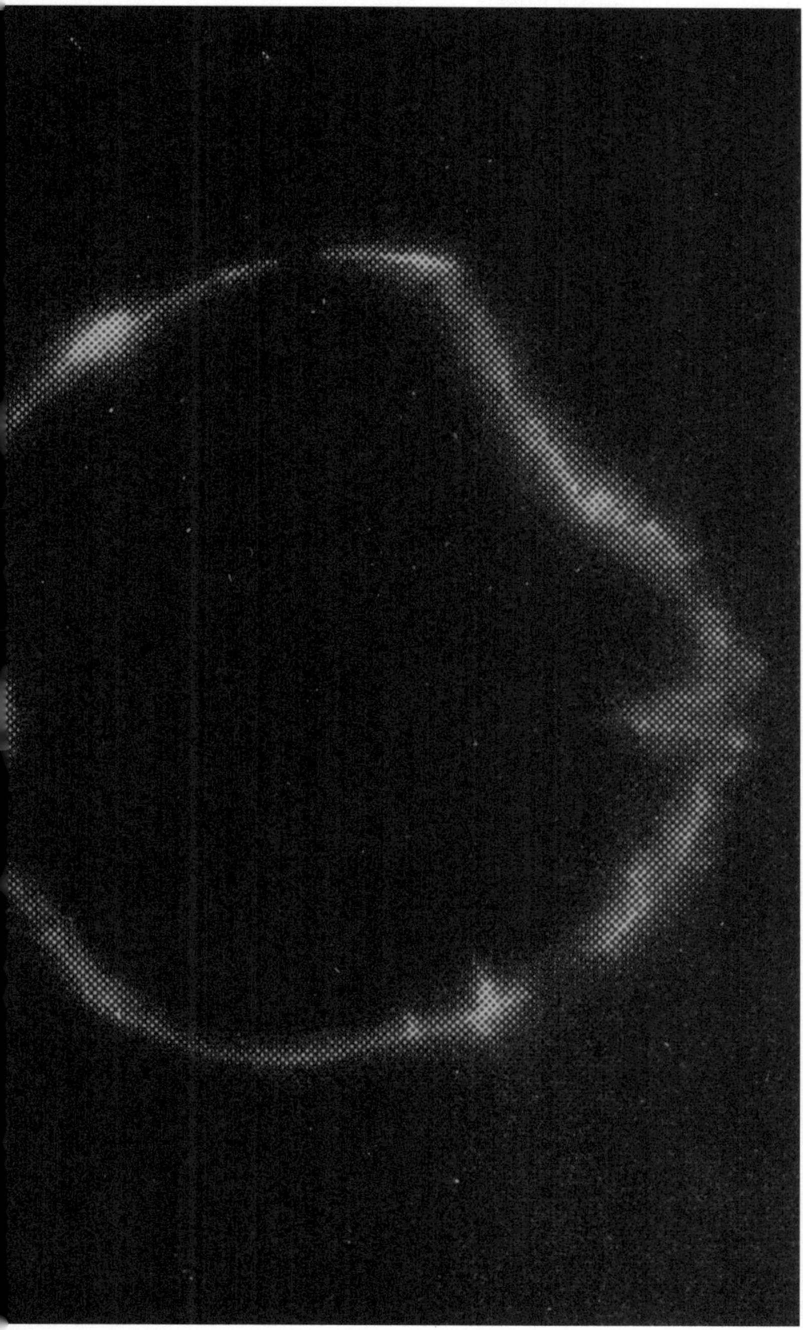

V

RADICAL CONTACT PRINTS

Susan Schuppli

RADIKALE KONTAKT-PRINTS

Ein kleiner Fisch wird sorgsam der Länge nach aufgeschnitten und so auf einer Fotoplatte ausgebreitet, dass sein freigelegtes Muskelgewebe direkt auf der Beschichtung liegt. [Abb. 1] Einige Stunden später wird der Fisch entfernt und die Platte entwickelt. Der gesamte Vorgang findet in völliger Dunkelheit und ohne Vergrößerer oder Lichtquelle statt, wie es sonst bei der Herstellung eines Kontakt-Prints üblich wäre. Denn die gespenstische Erscheinung, die aus der Entwicklungslösung auftaucht, ist eine direkte Aufzeichnung der Strahlungsaktivität in den Weichteilen des Kugelfisches, der nach dem Atomtest im Bikini-Atoll von 1946 vor Ort gefangen wurde. Sein kontaminiertes Fleisch ist die Energiequelle seiner eigenen radiologischen Durchleuchtung. Im Magen des Fisches haben sich radioaktive Algen angesammelt, ein „heißes Abendmahl", das erst noch verdaut und zu den Körperregionen um die Kiemen, die Leber, die Eingeweide und die Geschlechtsorgane verteilt werden sollte, wo sich Giftstoffe in größeren Konzentrationen ansammeln.[1] Die von der nuklearen Signatur des Tropenfisches erzeugte Hell-Dunkel-Verteilung wurde in den Jahren nach dem Krieg als eine Art biologischer Kalkül benutzt, um zu ermessen, in welchem Ausmaß sich Strahlungsaktivität in lebendem Gewebe ansammeln kann. Unter der Bezeichnung „Autoradiogramm" fertigten Nuklearwissenschaftler von diesem und ähnlichen Lebewesen atomare Testabzüge an, weil

---

1 United States, Joint Task Force One, Office of the Historian, *Operation Crossroads: The Official Pictorial Record*, New York: W. H. Wise, 1946, S. 216; Vgl. David Bradley, *No Place to Hide*, Boston: Little, Brown and Company, 1948, S. 125.

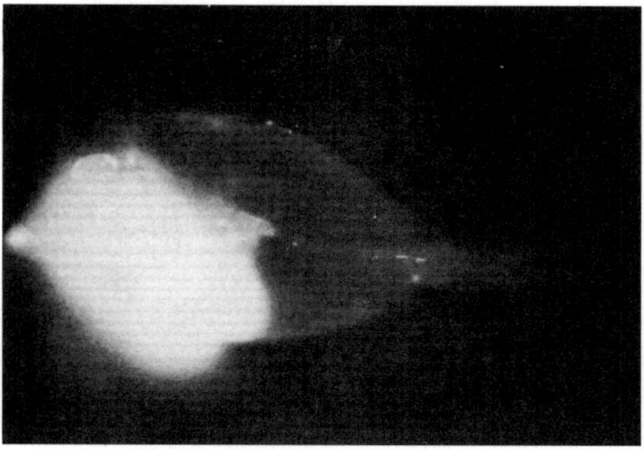

Fig. 1 Radio-autograph of a tropical puffer fish. Source: Operation Crossroads, the Official Pictorial Record, 1946.
Abb. 1 Autoradiogramm eines tropischen Kugelfisches. Quelle: Operation Crossroads, the Official Pictorial Record, 1946.

A small fish is carefully sliced along the length of its body, splayed open and arranged so that its exposed tissue presses against a photographic plate. [Fig. 1] After several hours the fish is removed and the film developed. This whole process is carried out in complete darkness without the aid of an enlarger, or light, to generate the negative imprint of the object as might be expected when producing a contact print. Instead the ghostly apparition that emerges out of the developing solution is a direct capture of the gradient levels of radioactivity present within the soft tissue of a tropical puffer fish caught in the aftermath of the atomic testing in the Bikini Atoll in 1946. Its contaminated flesh is the energetic source of its own radiological recording. Inside the fish's stomach sits a deposit of radioactive algae, or a "hot" supper, which has yet to be digested and redistributed to the regions around the gills, liver, intestines, and reproductive organs where toxicity settles in greater

die flache Form und die relativ gleichmäßige Dicke des Gewebes sie zur idealen lebenden Entsprechung einer Fotoplatte machten. So konnte ihr verstrahltes Gewebe nicht nur nukleare Aktivität sichtbar machen, sondern dieses Gewebe war selbst Quelle seiner eigenen, spontanen Lichterscheinungen, indem radioaktiver Zerfall und die Emission von Energieteilchen das Objekt von innen her beleuchteten.

Kontakt-Prints wie auch Fotogramme erzeugt man in der Regel, indem man Gegenstände auf lichtempfindliches Papier legt und belichtet. Dabei entsteht ein Bild, das die relative Undurchlässigkeit des jeweiligen Objektes für einfallendes Licht in direkter Umkehr darstellt. Ähnlich werden fotografische Kontaktabzüge hergestellt, nämlich indem man statt eines Gegenstands Filmnegative unter Glas auf das Papier legt. Autoradiogramme sind technisch betrachtet Fotogramme, aber sie erforderten kein Einwirken einer äußeren Lichtquelle, um die Dynamik mutierender Materie ins sichtbare Spektrum zu bringen, denn sie belichteten sich aufgrund ihrer besonderen Strahlungseigenschaften buchstäblich selbst. Der amerikanische Militärarzt David Bradley war einer der ersten und bedeutendsten Wissenschaftler, der Autoradiogramme verwendete. Er hatte während der Operation Crossroads, den ersten Atomwaffentests nach dem Zweiten Weltkrieg, als Radiometrist oder „Geiger man" gedient. Als visuelles Ereignis sind die Autoradiogramme auf den ersten Blick zwar nicht mit dem Netzhautspektakel einer Atomexplosion vergleichbar. Dennoch gelingt es der Fotografie mit ihrer Aufzeichnung dieser Strahlungsaktivität, vom Unterschied der Größenordnungen zu abstrahieren. Die im zerstörten Gewebe eines einzelnen Fisches offenbarte, strahlende Wunde ist nicht weniger bedeutsam als die eines riesigen Atompilzes. Vielleicht wirkte sie sogar noch verstörender, weil hier das beeinträchtigte Innere lebender Materie entgegen der radikalen Unsichtbarkeit radioaktiver

concentrations.[1] The variance in light and shadow produced by the nuclear signature of tropical fish was used during the post-war period as a kind of bio-calculus for measuring the degree to which radiation exposure could accumulate within living tissue. Designated radio-autographs, nuclear scientists used such natural species to make atomic test prints because their planar morphology and relatively consistent tissue depth made them ideal living analogues to the photographic plate. Not only could their irradiated tissue render the nuclear visible, but it was also the source of its spontaneous illumination as radioactive decay and the emission of energetic particles lit the object from within.

Contact prints are typically made by placing objects directly onto photo-sensitive paper and exposing them. The resulting image registers the relative material imperviousness of each object to projected light as a one-to-one reversal. Photographic contact sheets are produced in a similar manner by exposing film negatives sandwiched between glass and paper. Radio-autographs, which are technically contact prints, did not require the intercession of an external agent to bring the dynamics of mutating matter into the field of vision as their unique radiological properties literally exposed themselves. Chief amongst early users of radio-autography was U.S. army medical doctor David Bradley, who worked as a radiological monitor or “Geiger man” during Operation Crossroads, the first post-war atomic weapons' test. As a visual event the radio-autographs of contaminated fish are seemingly incommensurable with the retinal drama

---

1 United States. Joint Task Force One. Office of the Historian, *Operation Crossroads: The Official Pictorial Record* (New York: W. H. Wise, 1946), p. 216. See also David Bradley, *No Place to Hide* (Boston: Brown Little, 1948), p. 125.

Verseuchung unmittelbar anschaulich wurde.[2] Dieses Bemühen, die unbeobachteten Kräfte der Strahlung sichtbar zu machen, ist seit mehr als hundert Jahren prägend für unser wissenschaftliches Denken und unsere Vorstellung vom Nuklearen.

Mit der Operation Crossroads wollte man herausfinden, welche Wirkung Atomexplosionen über und unter der Wasseroberfläche auf Meeresressourcen und Lebensformen haben. Sie fand in der als „Bikini-Atoll" bekannten, sehr dünn besiedelten, von der amerikanischen Armee als „Pacific Proving Grounds" ausgewiesenen Gegend der Marshall-Inseln statt. Am Nachmittag des 1. Juli 1946 wurde mehr als die Hälfte des weltweit verfügbaren Filmmaterials belichtet. 18 Tonnen Film- und Kameraausrüstung hatte man dafür in Flugzeugen der U.S. Army Air Forces zum Bikini-Atoll transportiert. Unter dieser Fracht befanden sich der weltgrößte Fotoapparat und sein Teleobjektiv mit einer Brennweite von 48 Zoll sowie eine Hochgeschwindigkeitskamera, die 10.000 Bilder pro Sekunde aufnehmen konnte, außerdem weitere Filmkameras, die das Geschehen mit beinahe ebenso erstaunlichen 2.000 Bildern

---

2 Der Filmtheoretiker Akira Mizuta Lippit führte in Auseinandersetzung mit einer Bemerkung des späten abstrakt-expressionistischen Malers Willem de Kooning zur „radikalen Bildhaftigkeit", die von der Atombombe ausgehe, den Begriff der „Avisualität" ein. „Das Erscheinen des atomaren Lichts bezeichnete für de Kooning die absolute Transformation aller bildlichen Darstellung." Die traditionelle symbolische Ökonomie der Figuration sei vom Nuklearen verunmöglicht und dadurch auch eine neue Art des Sehens befreit worden. In den von der Bombe entfesselten apokalyptischen Gewalten habe de Kooning ein „transzendentes" Erhabenes erkannt, vor dem alle Menschen für Momente auf farblose Transparenz reduziert und in den radioaktiven Staub der Engel verstreut worden seien. Lippit argumentiert, de Koonings „sadistische Metaphysik" verwechsle die radikale Avisualität des atomaren Lichts mit einer Art religiösem Eifer, der auf die Verwandlung des physischen Körpers in gespenstische Geist-Materie durch die schiere viszerale und spektrale Gewalt der Atomenergie eine „Erlösungserzählung" projiziere. Akira Mizuta Lippit, *Atomic Light: Shadow Optics*, London: University of Minnesota Press, 2005, S. 81.

of an atomic blast, but what photography accomplishes in its capture of these nuclear activities is to remediate their scalar difference. The radiological wound revealed within the defective tissue of a fish is no less momentous than that of the mushroom cloud and arguably even more disturbing, as the compromised interiority of living matter was immediately rendered visible despite the radical a-visuality of nuclear contaminates.[2] Efforts to visualise the unseen forces of radiation have organised our scientific as well nuclear imaginaries for more than one hundred years.

Designed to assess the effects of aerial as well as underwater nuclear explosions on naval assets and biological specimens, Operation Crossroads was conducted in the remotely populated area of the Marshall Islands known as the Bikini Atoll in what the army then referred to as the Pacific Proving Grounds. On the afternoon of July 1, 1946 more than half of the world's supply of motion picture film was exposed as eighteen tons of cinematography and camera equipment were loaded aboard U.S. Army Air Forces

---

2 Film theorist Akira Mizuta Lippit advances the concept of a-visuality when he reflects upon a comment made by the late abstract-expressionist painter Willem de Kooning with respect to the "radical visuality" produced by the atomic bomb. "The advent of atomic light signalled, for de Kooning, the absolute transformation of visual representation" inaugurating a new kind of seeing freed by the nuclear foreclosure of figuration's traditional symbolic economy. In the apocalyptic forces unleashed by the bomb de Kooning located a 'transcendent' sublime as everyone was momentarily reduced to colourless transparency and dispersed into the radioactive dust of angels. Lippit argues that de Kooning's "sadistic metaphysics" confuses the radical a-visuality of atomic light with a kind of religious fervour that maps a "redemptive" narrative onto the conversion of the physical body into ghostly spirit-matter by the sheer visceral and spectral force of atomic energy. Akira Mizuta Lippit, *Atomic Light: Shadow Optics* (London: University of Minnesota Press, 2005), p. 81.

pro Sekunde festhielten. Boeing F-13-Flugzeuge wurden mit Filmkameras zu „Foto-Bombern“ nachgerüstet, wobei man die Maschinengewehre zu gewaltigen, beweglichen Kameras mit Zielvorrichtung umbaute. Insgesamt entstanden an diesem Tag mehr als 50.000 Standbilder und Millionen Meter Filmmaterial, auf denen die Radioaktivität der Atombombenexplosionen ihren tödlichen Fallout verzeichnete. **[Abb. 2]**

Die gigantische Mobilisierung eines Bebilderungsregimes als Erstversorger am Schauplatz eines Verbrechens machte dieses historische Datum auch zu dem Tag, an dem sich die Welt unwiderruflich in ein Bild verwandelte. Mit seinem berühmten Befund von 1938, der „Grundvorgang der Neuzeit“ sei die „Eroberung der Welt als Bild“[3], hatte Martin Heidegger eine unmittelbar bevorstehende Zukunft vorweggenommen, in der man im Westen die beiden über Japan gezündeten Atombomben zuallererst als Medienereignisse wahrnahm. Der Kampf um die Hoheit über das Bild und damit auch über die Erzählung, die sich um die Ethik der Herstellung und Zündung eines atomaren Sprengmittels entspann, begann in Japan.[4]

---

3 Martin Heidegger, „Die Zeit des Weltbildes“, in: d.s., *Holzwege*, Frankfurt am Main: Klostermann, 1994, S. 94.

4 „Nach monatelanger Kritik von Veteranenvertretern und Kongressabgeordneten hat sich das Smithonian Institut bereit erklärt, erhebliche Veränderungen an dem Exponat des Flugzeugs vorzunehmen, das eine Atombombe über Hiroshima abgeworfen hat und demnächst gezeigt werden soll. Die Ausstellung des Bombers B-29 ‚Enola Gay‘ wird nicht von dem umstrittenen, langen Text über das atomare Wettrüsten nach dem Krieg begleitet. Dessen Kritiker argumentierten, dass diese Diskussion nicht zum Ausstellungsobjekt gehöre und Teil einer politisch aufgeladenen Botschaft sei, der zufolge mit dem Abwurf der Atombombe über Japan ein dunkles Kapitel der Menschheitsgeschichte begonnen habe. Die Ausstellung, die im Mai eröffnen soll, wird auch keine Objekte enthalten, von der die Kritiker behaupten, sie betonten zu sehr die furchtbaren Folgen der Atombombenabwürfe von 1945 über Hiroshima und Nagasaki, die den Zweiten Weltkrieg beendet haben.“ Neil A. Lewis, „Smithsonian Substantially Alters Enola Gay Exhibit After Criticism“, *The New York Times*, 1. Oktober 1994.

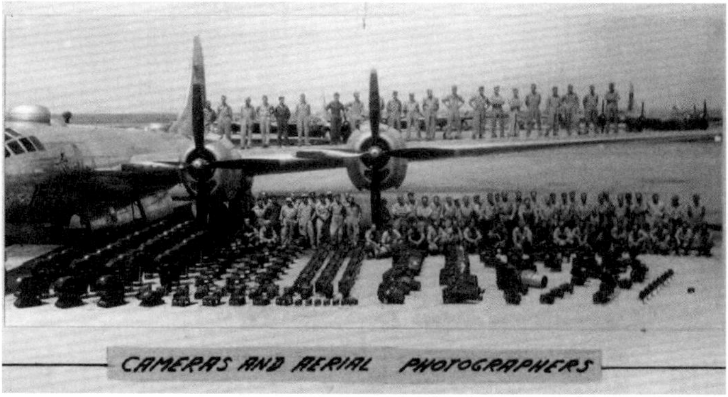

Fig. 2 Photographic Engineering Section of Operation Crossroads, 1946. Source: The Perry M. Thomas Collection, Michigan State University Archives and Historical Collections.

Abb. 2 Abteilung Photographic Engineering der Operation Crossroads, 1946. Quelle: The Perry M. Thomas Collection, Michigan State University Archives and Historical Collections.

planes and dispatched to the Bikini Atoll. Included amongst the photographic cargo was the world's largest still camera with a 48-inch focal length telephoto lens, as well as ultra high-speed cameras capable of taking 10,000 frames per second and motion picture cameras set to capture events at an equally astonishing frame-rate of 2,000 fps. Boeing F-13 planes had also been retrofitted as "photographic ships" with the installation of motion picture cameras into their gun turrets—machine guns converted into massive point and shoot cameras. In total the day generated over 50,000 still images and several million feet of moving image matter as the radioactivity from atomic bomb detonations registered their lethal fallout on film. **[Fig. 2]**

The massive mobilisation of an image-regime as a first-responder to a crime-scene marks this date in history as

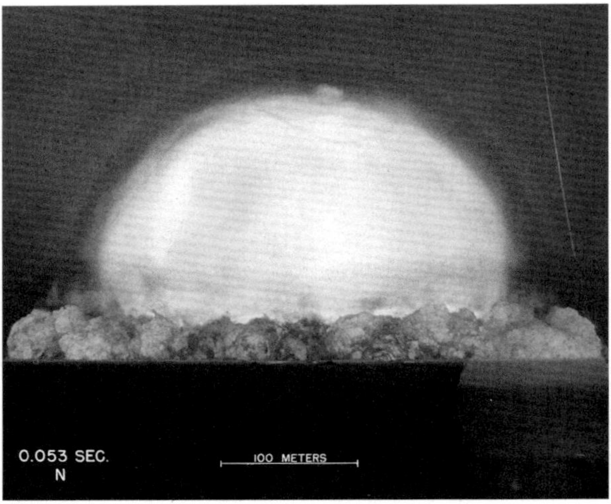

Fig. 3 Trinity Test, New Mexico, July 16, 1945. Source: Los Alamos National Laboratory.
Abb. 3 Trinity-Test, New Mexico, 16. Juli 1945. Quelle: Los Alamos National Laboratory.

Diese beiden Ereignisse – und die darauf folgenden Atomversuche im Pazifik ein Jahr später – bezeichnen den „Scheideweg", den Heidegger so präzise benannte, nämlich die Verwandlung allen – menschlichen oder nicht menschlichen – Materials in Hybride aus Medium und Materie.[5] Eigentlich kündigten sich auch die thermonuklearen Tests der Wasserstoffbombe und die bald folgenden Atomunfälle in Three Mile Island, Tschernobyl und Fukushima schon in jenem allerersten Bild des Atomzeitalters aus der Wüste von New Mexico vom 16. Juli 1945 an. **[Abb. 3]**

5 Martin Heidegger, „Die Zeit des Weltbildes", a.a.O., S. 95.

the day the world turned unequivocally into a picture. When Martin Heidegger famously stated in 1938 that "the fundamental event of the modern age is the conquest of the world as picture,"[3] he signalled an impending future in which the two atomic bombs exploded over Japan would register in the West first and foremost as media-events. The battle over the control of the image and with it the narrative around the ethics of producing and detonating a nuclear device begins here in Japan.[4] These events, followed one year later by further nuclear experimentation in the Pacific, stand at the "crossroads" that Heidegger so presciently invoked: namely the transformation of all material—human or otherwise—into media-matter hybrids.[5] Indeed, the thermonuclear weapons testing of the hydrogen bomb and the approaching nuclear accidents at Three Mile Island, Chernobyl, and Fukushima were already lurking within the first image of the atomic age produced in the desert of New Mexico on July 16, 1945. **[Fig. 3]**

---

3 Martin Heidegger, *The Question Concerning Technology and Other Essays*, trans. William Lovitt (New York: Harper Torchbooks, 1977), p. 134.

4 "After months of criticism by veterans groups and members of Congress, the Smithsonian Institution has agreed to make major changes in its planned exhibit of the airplane that dropped an atomic bomb on Hiroshima. The exhibit featuring the B-29 bomber, the Enola Gay, will no longer include a long section on the postwar nuclear race that veterans groups and members of Congress had criticized. The critics said that the discussion did not belong in the exhibit and was part of a politically loaded message that the dropping of the atomic bomb on Japan began a dark chapter in human history. The exhibit, which is scheduled to open in May, will also omit items that the critics said dwelt to excess on the horrible effects of the atomic bombs that were dropped on Hiroshima and Nagasaki in 1945, attacks that ended World War II." Neil A. Lewis, "Smithsonian Substantially Alters Enola Gay Exhibit After Criticism," *New York Times*, October 1, 1994.

5 Heidegger, *The Question Concerning Technology and Other Essays*, p. 134.

Die besondere Bedeutung der Operation Crossroads liegt darin, dass Armee und Marine hier erkannten, dass Bilder und aufgezeichnete Bilddaten *die* umfassendste wissenschaftliche Beschreibung ihrer Bombentests unter Wasser und an der Luft liefern würden. Kameras und Fotoapparate standen im Mittelpunkt der taktischen Operationen. Die Dokumentation durch Luftaufnahmen wurde um eigens eingerichtete Filmstationen auf dem Festland ergänzt. Das alles diente dazu, die Wirkung der Strahlung auf die Materie festzuhalten. Medien mit der technischen Fähigkeit, dynamische Eigenschaften und Verhalten von Stoffen insbesondere unter Belastung aufzuzeichnen, anzuhalten, zu vergrößern und zu beschreiben, sollten in der Folge wesentlich bestimmen, wie atomare Phänomene analysiert und untersucht wurden. Beispielsweise kommt bei der Prüfung von Schweißnähten in Brennstabhüllen oder bei der Suche nach Anzeichen bösartiger Tumore im Gewebe ein praktisches Bildverständnis zur Anwendung, dessen Erfolg von der Fähigkeit abhängt, mittels Röntgentechnologie erhellte, winzigste Materialbeschaffenheiten richtig zu deuten. Das radioaktive Fischfleisch, das durch Bradleys Technik der Kontakt-Prints sichtbar gemacht wurde, war ein früher Vorläufer der Entwicklung solcher bildgebenden Techniken.

> *„Wir können Autoradiogramme der Verteilung von radioaktiver Strahlung in den Körpern kleiner Fische anfertigen und durch Erfassung der Fischpopulationen möglicherweise herausfinden, ob die Bombe irgendeine Auswirkung auf die Lebenszyklen der Lagunenbewohner hatte. […] Derartige Untersuchungen können durchaus auch für das Leben der Menschen im Hochland von Tibet von Bedeutung sein. Wir wissen nicht, bis in welche Entfernungen von Bikini die Strahlenkrankheit getragen werden kann. Wir können nicht*

The particular significance of Operation Crossroads lies in the army and navy's recognition that pictures or recorded image-data would provide *the* most comprehensive scientific account of its aerial and underwater tests. Cameras were placed at the centre of tactical operations with aerial documentation complemented by fixed-shore film installations, all in the service of capturing the effects of radiation on matter. Media, with its technical capacity to capture, arrest, magnify, and narrate the dynamic properties and behaviours of matter, especially under conditions of stress, would become crucial to the ways in which nuclear phenomena would come to be analysed and studied. For example, the examination of welds in reactor rods or the search for signs of malignancy in flesh is a practice of visual literacy determined by the ability to decode the incandescent micro-features of matter revealed by X-ray technology. The radioactive fish flesh, exposed through Bradley's technique of contact printing, was an early forerunner in the development of such processes of visualisation.

> *"We can make radio-autographs of the distribution of radioactivity in the bodies of little fish, and by means of fish population surveys attempt to discover whether or not the Bomb had any effect of the life-cycles of the lagoon inhabitants ... Such studies may influence the lives of people living in the Tibetan plateau. We don't know to what distances from Bikini the radiation disease may be carried. We can't predict to what degree the balance of nature will be thrown off by atomic bombs ... Bikini is not some faraway little atoll pinpointed on an out-of-the-way chart. Bikini is San Francisco Bay, Puget Sound, East River. It is the Thames, the Adriatic, Hellespont, and misty Baikal."*[6]

vorhersagen, in welchem Maß die Natur von Atombomben aus dem Gleichgewicht gebracht wird. […] Bikini ist nicht irgendein weit abgelegenes, kleines Atoll, keine Stecknadel auf einer Karte weltferner Gegenden. Bikini ist die Bucht von San Francisco, der Puget Sound, der East River. Bikini ist die Themse, das Mittelmeer, der Hellespont und der nebelverhangene Baikalsee.“[6]

Während der Bilderrausch, der von der todbringenden Verbrennung atomarer Energie ausgelöst wurde, häufig jede Moral unterlief, die sich gegen das Entfesseln derart gewaltiger Verwüstungen durch biologische und chemische Waffen richtete, trifft die Pilzwolke bei den radiologischen Kontakt-Prints des tropischen Kugelfisches auf ihr ultimatives Gegen-Archiv. Anders als das transzendente Bild des atmosphärischen Chaos, welches das Gesichtsfeld der Explosion von ihrer materiellen Wirkung auf dem Boden trennt, schließt der radiologische Kontakt-Print direkt an das Ereignis an und bleibt diesem immanent. Mit anderen Worten: Die Gewalt, aus der das Bild als wissenschaftliche Dokumentation oder Aufzeichnung hervorgeht, ist zugleich das Mittel, dem das Bild seine Existenz verdankt; sie ist seine konstitutive und ermöglichende Kraft. Ebenso war es in Hiroshima und Nagasaki, wo die Hitzestrahlung der Atomexplosionen die materiellen Oberflächen in fotografische Kontakt-Prints verwandelte, indem sich geisterhafte Fotogramme zerstörter Leiber und Gebäude direkt in Beton und Stein fraßen. Als Folge der radikalen Intensität dieser Explosion, und ohne jede Vermittlung durch ein Filmnegativ, dokumentierten diese „atomaren Schatten“ das Leben im Moment des Todes selbst. Auch sie waren eine Art

6 Bradley, *No Place to Hide*, a.a.O., S. 149.

While the image-rapture induced by the lethal combustion of atomic energy has tended to occlude the morality that subtends the unleashing of such large-scale bio-chemicals weapons, the mushroom cloud finds its ultimate counter-archive within the radiological contact print of the tropical puffer fish. Unlike the transcendent image of atmospheric chaos, which separates the visual field from its material effects on the ground, the radiological contact print is immanent to and continuous with the event. That is to say, that the violence out of which the image emerges as scientific document or record is also the very means by which the image comes into the world; its constitutive and enabling force. Likewise in Hiroshima and Nagasaki, when the searing heat rays of the atomic blasts transformed the material surfaces of these cities into photographic contact prints as ghostly photograms of damaged bodies and buildings were etched directly into concrete and stone. Exposed by the radical intensity of the blast, and without the mediation of a filmic negative, these "atomic shadows" document life at the very moment of death. They too are a kind of radio-autograph—a spontaneous recording of an external event in which the image is transformed into an actual "material witness."[7] **[Fig. 4]**

However, before the airborne particle became the delivery system by which lethal toxins were to be carried into the terrifying narratives of modernity, the nuclear capacities of the twentieth century were preceded by two key developments in photo-imaging technology: the discovery of the X-ray in 1895 followed by that of spontaneous radioactivity in

---

6 Bradley, *No Place to Hide*, p. 149.

7 See Susan Schuppli, *Material Witness: Forensic Media and the Production of Evidence*, ed. Douglas Sery, (London: MIT Press, Forthcoming).

Autoradiogramm – spontane Aufzeichnung eines äußeren Ereignisses, bei dem aus einem Bild unmittelbar ein materieller Tatzeuge wird.[7] **[Abb. 4]**

Lange bevor aus dem vom Wind verwehten, strahlenden Teilchen ein Verbreitungssystem wurde, über das tödliche Gifte in die Schreckenserzählungen der Moderne Eingang fanden, lange bevor sich die atomaren Fähigkeiten des 20. Jahrhunderts auch nur andeuteten, fanden zwei entscheidende Entwicklungen in der Technik fotografischer Bildgebung statt: die Entdeckung der Röntgenstrahlung im Jahr 1895 und der spontanen Radioaktivität ein Jahr später. Diese beiden experimentellen Verfahren verwandelten ohne jede Einwirkung der Sonne, die bis dahin unbedingte Voraussetzung aller fotografischen Techniken gewesen war, Feststoffe in Spuren spektraler Bilder. Am 22. November 1895 setzte der deutsche Physiker Wilhelm Conrad Röntgen die Hand seiner Frau einer Serie ungewöhnlicher Strahlen aus, während sie still auf einer Fotoplatte lag. Die heute nach Röntgen benannte Strahlung drang durch die Atmosphäre und den Körper. Sie erzeugte aus einiger Entfernung schattenhaft fotografische Abbilder. Eine strahlende Energie, die von anderswo zu uns kommt, ist eine Art göttliches Licht. Sie bringt die radiologische Wissenschaft des Röntgenstrahls spekulativ mit der transzendentalen Metaphysik des Geistes in Verbindung. „Wie ein Traum drang diese Art von Licht durch Gegenstände, verwischte die Ränder von und zwischen Festkörpern, überwand deren innere und äußere Grenzen.“[8] Man nannte die gespenstische Ansicht von Anna Bertha Röntgens

---

7 Vgl. Susan Schuppli, *Material Witness: Forensic Media and the Production of Evidence*, London: MIT Press, erscheint demnächst.

8 Lippit, *Atomic Light: Shadow Optics*, a.a.O., S. 44.

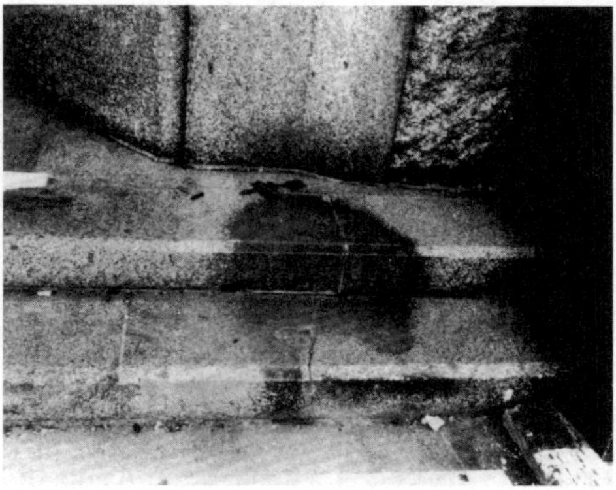

Fig. 4 Atomic shadow of a walking body scorched into the steps of Sumitomo Hiroshima Bank, Kamiya-cho, 260 metres from the hypocentre of the blast. Source: United States Strategic Bombing Survey.
Abb. 4 Atomarer Schatten einer gehenden Person auf den Stufen der Sumitomo Hiroshima Bank in Kamiya-cho, 260 Meter vom Hypozentrum der Detonation entfernt. Quelle: United States Strategic Bombing Survey.

1896. Both of these experimental technologies transformed solid matter into a spectral image trace without the arbitration of the sun, a necessary pre-condition of all early photographic practices. On November 22, 1895 German physicist Wilhelm Conrad Röntgen exposed his wife's hand to a series of unusual rays as it rested immobile on a photographic plate. These emissions, which we now call Röntgen rays, could pass through the atmosphere and pierce the body to generate shadowy photographic renderings from a distance. A radiant energy that comes from elsewhere is a form of divine light that suggestively links the radiological science of the X-ray to the transcendental metaphysics of spirit. "Like a dream, this form of light moved through objects, erased boundaries between solid objects, crossing their internal and external

langgezogenen Skelettfingern dann auch „Geisterbilder“ wegen der geheimnisvollen Kraft, die feste Formen in äthergleiche Bildmaterie verwandelte. Diese Finger beschworen das Nahen einer Welt, in der das Potenzial zur Entmaterialisierung der leiblichen Substanz des Körpers mit technologischen Mitteln erstmals verwirklicht wurde. **[Abb. 5]**

Die fotografischen Möglichkeiten der Radioaktivität wurden unmittelbar im Anschluss an Röntgens Arbeit zuerst vom französischen Physiker Henri Becquerel erforscht, der mit Uransalzen und Phosphoreszenz experimentierte.[9] Becquerel erkannte nicht sofort die Bedeutung der spontanen Radioaktivität für das Entstehen seiner geheimnisvollen Bilder. Er glaubte zunächst, sie seien aus der Sonnenbelichtung von Objekten auf uransalzbeschichtetem Papier hervorgegangen. Im Mai 1896 unterbrachen mehrere wolkenverhangene Tage seine Versuche, und Becquerel räumte seine Materialien in einen Schrank. Als er seine Arbeit wiederaufnahm, entschied er aus irgendeinem unerklärlichen Grund, die im Dunkeln

---

9 Becquerel beschrieb seine Forschungsmethode wie folgt: „Man wickelt eine Lumière'sche, mit Silberbromidgelatine beschichtete Fotoplatte einen ganzen Tag in zwei Bögen schwarzen, sehr dicken Papiers, so dass sich die Platte auch unter Einwirken von Sonnenlicht nicht eintrübt. Man legt außen auf das Papier eine Platte mit der phosphoreszierenden Substanz und setzt das Ganze über mehrere Stunden der Sonne aus. Wenn man anschließend die Fotoplatte entwickelt, erkennt man, dass die Umrisse der phosphoreszierenden Substanz auf dem Negativ schwarz erscheinen. Wenn man zwischen die phosphoreszierende Substanz und das Papier eine Münze oder eine metallische Abschirmung mit einem hineingeschnittenen Muster legt, sieht man das Abbild dieser Gegenstände auf dem Negativ erscheinen. […] Man muss aus diesen Befunden also folgern, dass die fragliche, phosphoreszierende Substanz Strahlen abgibt, die das lichtdichte Papier durchdringen und die Silbersalze reduzieren.“ Henri Becquerel, „Sur les radiations émises par phosphorescence“, *Comptes-rendus de l'Académie des sciences*, Ausgabe vom 24. Februar 1896, S. 420f. https://www.bibnum.education.fr/physique/radioactivit%C3%A9/sur-les-radiations-invisibles-%C3%A9mises-par-les-corps-phosphorescents, zuletzt besucht am 11.4.2016.

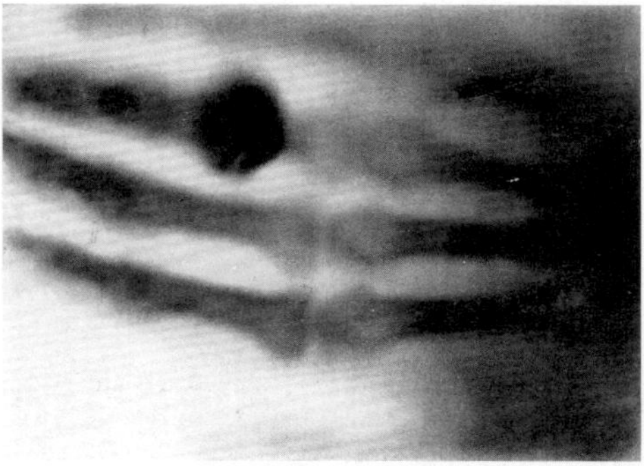

Fig. 5 The first X-ray ever taken depicting Anna Bertha Röntgen's hand, November 22, 1895.
Abb. 5 Die allererste Röntgenaufnahme zeigt Anna Bertha Röntgens Hand, 22. November 1895.

borders."[8] Referred to as "ghost pictures" because of the mysterious agency that could transform solid forms into ethereal image-matter, the resulting ghostly view of Anna Bertha's elongated skeletal digits conjured the coming of a new world in which the potential for dematerialising the corporeal substance of the body by technological means was first realised. **[Fig. 5]**

The photographic potential of radioactivity quickly followed on the heels of Röntgen's work and was pioneered by French physicist Henri Becquerel who was experimenting with uranium salts and phosphorescence.[9] Becquerel did not immediately recognize the role that spontaneous radioactivity had played in producing his mysterious images and believed instead that they were generated by exposing objects

8 Lippit, *Atomic Light: Shadow Optics*, p. 44.

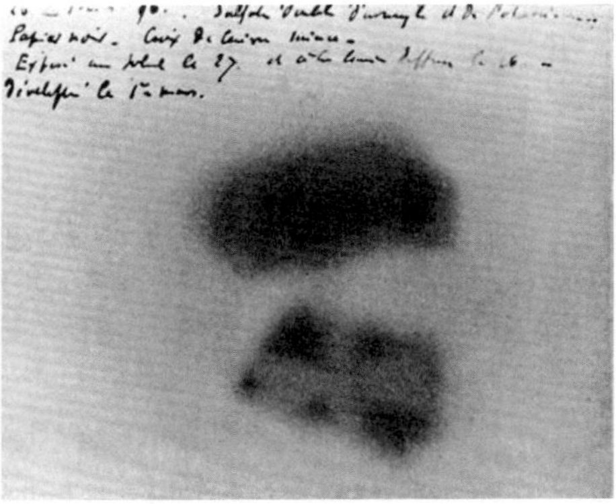

Fig. 6 Ghostly image of a metal object (Maltese Cross) generated by spontaneous radioactivity, May 1896, Henri Becquerel.

Abb. 6 Gespenstisches Bild eines Metallgegenstandes (Malteserkreuz), erzeugt durch spontane Radioaktivität, Mai 1896, Henri Becquerel.

aufbewahrten Platten zu entwickeln. Zu seiner Überraschung stellte er fest, dass sich trotz Abschirmung vom Sonnenlicht ein unglaublich helles und detailreiches Bild in das Uransalzpapier eingeprägt hatte. Es zeigte sich, dass Uransalz auch dann eine Strahlung abgab, wenn es von jeder äußeren Quelle energetischer Anregung abgeschirmt war. Der Filmtheoretiker André Bazin behauptete einige Jahre später Ähnliches von der Fotografie insgesamt: „Zum ersten Mal schiebt sich lediglich ein anderes Objekt zwischen das Ausgangsobjekt und seine Darstellung."[10] Becquerels bahnbrechender, durch Einwirkung der Strahlung vernebelter Fotoplatte, die im Übrigen eine unheimliche Ähnlichkeit mit Bradleys verstrahltem Kugelfisch aufweist, gelang diese erstaunliche Leistung zum allerersten Mal. [Abb. 6]

40 Jahre nach Hiroshima und der Operation Crossroads meldete sich ein weiterer radiologischer Zeuge. Er ging jedoch

10 André Bazin, „Die Ontologie des photographischen Bildes", in: d.s. *Was ist Film?*, Berlin: Alexander Verlag, 2004, S. 37.

placed onto uranium-salt coated papers to sunlight. When a series of cloud-covered days disrupted his experiments in May of 1896, Becquerel put his materials away in a drawer. Upon resumption of his work, Becquerel decided for some inexplicable reason to develop these sequestered plates and found to his surprise that an incredibly bright and detailed image had etched itself into the uranium-salted paper while hidden away from sunlight. Uranium salts, it turned out, emitted radiation even when sheltered from an external source of energetic stimulation. Film theorist André Bazin would make a similar claim for photography some years later, when he declared: "For the first time, between the originating object and its reproduction there intervenes only the instrumentality of a nonliving agent."[10] It is Becquerel's breakthrough photographic plate fogged by its exposure to radiation, which also bears an uncanny resemblance to Bradley's irradiated puffer fish that first achieves this remarkable feat. **[Fig. 6]**

---

9 Becquerel described his research methodology as follows: "One wraps a Lumière photographic plate with a bromide emulsion in two sheets of very thick black paper, such that the plate does not become clouded upon being exposed to the sun for a day. One places on the sheet of paper, on the outside, a slab of the phosphorescent substance, and one exposes the whole to the sun for several hours. When one then develops the photographic plate, one recognizes that the silhouette of the phosphorescent substance appears in black on the negative. If one places between the phosphorescent substance and the paper a piece of money or a metal screen pierced with a cut-out design, one sees the image of these objects appear on the negative … One must conclude from these experiments that the phosphorescent substance in question emits rays which pass through the opaque paper and reduce silver salts." Henri Becquerel, "Sur les Radiations Emises par Phosphorescence," in *Comptes-rendus Hebdomadaires des Séances de l'Académie des Sciences*, ed. Académie des sciences (Paris: Gauthier-Villars, 1896), pp. 420–21.

10 André Bazin, "The Ontology of the Photographic Image," *Film Quarterly* 13, no. 4 (1960), p. 7.

nicht auf die Waffentests im Los Alamos National Laboratory der Vereinigten Staaten zurück, sondern auf das zivile Atomenergieprogramm der Sowjetunion in den 1970er Jahren, im Zuge dessen in der damaligen Sozialistischen Ukrainischen Sowjetrepublik 15 Reaktoren entstanden. Der Reaktorkomplex von Tschernobyl deckte den Großteil des ukrainischen Energiebedarfs.[11] Drei Tage nach der Explosion und Kernschmelze im Block 4 des Kraftwerks am 26. April 1986 erhielt der ukrainische Filmemacher Wladimir Schewtschenko die Genehmigung, die Anlage zu überfliegen und die Dekontaminierung zu dokumentieren. Als Schewtschenkos 35mm-Material später entwickelt wurde, fiel ihm auf, dass ein Teil des Films stark pockennarbig war, fremde elektrostatische Interferenzen und Rauschen aufwies. Zunächst vermutete er, das verwendete Filmmaterial sei schadhaft gewesen, doch irgendwann wurde ihm klar, dass er Bild und Ton der Radioaktivität als solcher auf Film gebannt hatte.

> *„Strahlung ist ein tödlicher, unsichtbarer Feind, der sogar Stahlpanzer durchdringt. Er hat weder Geruch noch Farbe. Aber er hat eine Stimme. Das ist sie. Wir dachten, das Filmmaterial sei beschädigt. Aber wir irrten uns. Und so sieht Strahlung aus. Diese Aufnahme entstand, als uns ein 30 Sekunden langer Blick aus dem gepanzerten Truppenfahrzeug gestattet wurde. An diesem Aprilabend gingen die ersten Männer hier vorbei – ohne Schutzanzüge oder Stoppuhren und im Bewusstsein der Gefahr, als Soldaten, die eine große Heldentat begingen. In der Kamera*

---

11 Die Sowjetunion zündete 1949 erfolgreich eine Atombombe, und Russland hat nach der Auflösung der Sowjetunion eine riesige Anlage zum Bau von Atomwaffen geerbt. Es hält bis heute große Mengen von angereichertem Uran mit dem zugehörigen Waffenarsenal. www.nti.org/country-profiles/russia/, zuletzt besucht am 29.9.2013.

Forty years after Hiroshima and Operation Crossroads another radiological witness appeared, but this time not spawned by the weapons testing conducted at the Los Alamos National Laboratory in the United States. Instead it was created by the civilian nuclear energy programme in the former Soviet Union during the 1970s, a period that saw fifteen reactors built across the then Ukrainian Soviet Socialist Republic with the Chernobyl reactor complex supplying the country with the majority of its energy requirements.[11]

Three days after the explosion and meltdown of Chernobyl's Nuclear Reactor Unit 4 on April 26, 1986, Ukrainian filmmaker Vladimir Shevchenko was granted permission to fly over the site in order to document decontamination efforts. When Shevchenko's 35-mm film footage was later developed, he noticed that a portion of the film was heavily pockmarked and carried extraneous static interference and noise. Thinking initially that the film stock used had been defective, Shevchenko finally realised that what he had captured on film was the image and sound of radioactivity itself.

> *"Radiation is a fatal invisible foe. One that even penetrates steel plating. It has no odor, nor color. But is has a voice. Here it is. We thought this film was defective. But we were mistaken. This is how radiation looks. This shot was taken when we were allowed a 30-second glimpse from the armoured troop-carrier. On that April night the first men passed here—without protection or stop-watches, aware of the danger, as soldiers performing a great feat. Our*

11 The Soviet Union successfully detonated a nuclear bomb in 1949, and Russia inherited a vast nuclear weapons production complex after the dissolution of the Soviet Union. It still maintains holdings of enriched uranium and its related weapons arsenal. www.nti.org/country-profiles/russia/, Accessed September 29, 2013.

hatten wir einen Schwarzweißfilm. Deshalb sieht man die Ereignisse der ersten Woche schwarzweiß, die Farben der Katastrophe.“[12] [Abb. 7]

Die Katastrophe hinterließ nicht nur direkt auf der Emulsionsschicht des Films Spuren, indem zerfallende radioaktive Teilchen das Gehäuse der Filmkamera durchdrangen. Sie entfesselte ihr zersetzendes Wüten auch in Schewtschenkos eigenem Körper.[13] Ein Vorgang radiologischer Aufnahme hatte aus Silberhalogenidpartikeln Überträger einer tödlichen Krankheit und aus gewöhnlichem Filmmaterial die buchstäblich gefährlichste Filmrolle der Welt gemacht.[14] Obwohl Schewtschenkos Dokumentation uns aus nächster Nähe Einblick in den Raum der Katastrophe gewährt, erlaubt uns ihre bildliche Vermittlung zugleich, in sicherer und objektiver Entfernung von dieser zu bleiben. Nur die plötzliche Verzerrung der Bild- und Tonströme durch die Geiger-artigen Interferenzen der Strahlung untergräbt unser anfängliches Vertrauen in den Abbildstatus des Films als eine fixierte historische Aufzeichnung. Stattdessen erzeugt sie eine vage Furcht, dass das, was wir auf dem Film sehen, tatsächlich eine unheilige Darstellung des Realen sein könnte: eine amorphe Ansteckung, die ihre tödliche Kontamination bis in die Gegenwart freisetzt. Schewtschenkos beschädigter Film ist vielleicht der radikalste aller Kontakt-Prints, denn er ist bis heute „gefährlich lebendig“.

---

12 Transkript des Filmkommentars von Wladimir Schewtschenko, „Chernobyl: Chronicle of Difficult Weeks“, in: *The Glasnost Film Festival*, UdSSR: The Video Project, 1986.

13 Wladimir Schewtschenko starb 1999. Bis heute werden nur 31 Todesfälle offiziell auf den Unfall in Tschernobyl zurückgeführt.

14 Mein Dank gilt Peter C. Van Wyck, dessen Hinweis auf diesen Zwischen-/Unfall meine Suche nach dem eigentlichen Filmmaterial ausgelöst hat: Peter C. Van Wyck, *Signs of Danger: Waste, Trauma, and Nuclear Threat*, (Bd. 26, Theory Out of Bounds), Minneapolis: University of Minneapolis Press, 2004, S. 97.

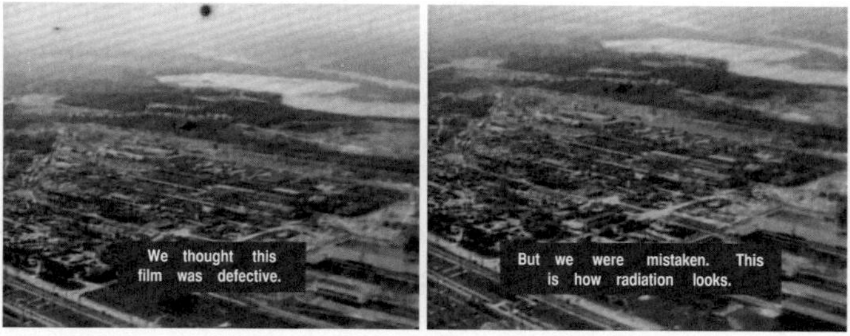

Fig. 7 Film stills from *Chernobyl: Chronicle of Difficult Weeks*, director Vladimir Shevchenko, 1986, 54 mins.
Abb. 7 Standbilder aus dem Film *Chernobyl: Chronicle of Difficult Weeks,* Regie: Wladimir Schewtschenko, 1986, 54 Min.

> *camera was loaded with black-and-white film. This is why the events of the first weeks will be black and white, the colors of disaster."*[12] **[Fig. 7]**

Not only had the disaster inscribed itself directly into the emulsive layer of the film as decaying radioactive particles transgressed the exterior casing of the movie camera, sadly they also unleashed their mutating virulence upon Shevchenko's own body.[13] An act of radiological recording had converted silver halide particles into carriers of a lethal disease, transmuting the film quite literally into the most dangerous reel of footage in the world.[14] Although Shevchenko's documentary

12 Transcription of film voice-over from Vladimir Shevchenko, "Chernobyl: Chronicle of Difficult Weeks," in *The Glasnost Film Festival* (USSR: The Video Project, 1986).

13 Vladimir Shevchenko died in 1999. To date only thirty-one confirmed deaths are officially attributed to the accident at Chernobyl.

14 I am indebted to Peter C. Van Wyck whose citation of this incident/accident provoked my search for the actual film footage. Peter C. Van Wyck, *Signs of Danger: Waste, Trauma, and Nuclear Threat*, vol. 26, Theory Out of Bounds (Minneapolis: University of Minnesota Press, 2004), p. 97.

Wenn wir diesen unerwarteten Riss im Film als ein Festhalten des Realen und nicht als einen Akt filmischer Einschreibung erfassen, zwingt uns das auch zu einem Umdenken, was die Ontologie der Medienmaterie selbst angeht. Im Gegensatz zu André Bazins bekannten Theorien des Films als „einbalsamierte Zeit" oder „mumifizierter Verfall" lässt sich die betreffende Sequenz des verstrahlten Films nicht in 24 Bildern pro Sekunde fixieren.[15] Ihr ontologischer Status als Aufnahme und Verzeichnis vergangener Ereignisse verändert sich zu einer dynamischen Ontologie des Entstehens, indem die Strahlung ihre modulierenden Wirkungen über längere Zeit ausübt. Die konsequente Umkodierung des Films aus dem Geist des Atomunfalls muss darauf beharren, den Film von Schewtschenko analytisch nicht nur als eine Darstellung des Realen zu verfolgen, sondern sich mit ihm als einem tatsächlichen, toxischen Ereignis auseinanderzusetzen. Aufgrund der energetischen Beschaffenheit nuklearer Materialien durchdringen deren Schadstoffe jedes Gehäuse technischen Ursprungs, das sie vom Grundsatz her eindämmen soll.[16] Strahlende Staubwolken entweichen und wandern über Souveränitätsgrenzen, sie

---

15 André Bazin, „Die Ontologie des photographischen Bildes", a.a.O., S. 33: „Eine Psychoanalyse der bildenden Kunst könnte als wesentliche Ursache für deren Entstehung die Praxis des Einbalsamierens in Betracht ziehen. Sie würde am Ursprung von Malerei und Skulptur einen ‚Mumienkomplex' finden. Für die ägyptische Religion, die ganz und gar gegen den Tod ausgerichtet war, hing das Überleben vom materiellen Fortbestand des Körpers ab. So befriedigte sie ein fundamentales Bedürfnis der menschlichen Psyche: nach Schutz vor der Zeit. Denn der Tod ist nichts anderes als ein Sieg der Zeit. Und die fleischliche Erscheinung eines Wesens künstlich festzuhalten hieß, es dem Strom der Zeit zu entreißen: es am Leben zu vertäuen. So war es nur natürlich, die Erscheinung noch in der Wirklichkeit des Toten, in seinem Fleisch und seinen Knochen zu erhalten."

16 „Nukleare Materialien", schreibt Peter C. Van Wyck in *Signs of Danger*, a.a.O., S. 19, „entsprechen nur sehr unvollkommenen der Forderung nach ihrer Eindämmung – es entweicht immer etwas."

provides us with an intimate view into the space of disaster, its pictorial mediation allows us to remain at a safe and objective distance to it. However, the sudden distortion of the film's sound and image flows by the Geiger-like interference of radiation displaces our initial confidence in its representational status as a fixed historical index and installs in its place a sense of dread that what we are witnessing on film is in fact the unholy representation of the real: an amorphous contagion that continues to discharge its lethal contaminates into the present. Shevchenko's damaged film is perhaps the most radical of all contact prints, because it is still "dangerously alive."

Conceptualising this unexpected filmic rupture as a capture of the real rather than an act of cinematic inscription forces a rethinking of the ontological nature of mediatic matter itself. Contrary to André Bazin's well-known theorisations of film as "time-embalmed" or "change mummified," this particular sequence of irradiated film cannot be fixed at 24-fps.[15] Instead its ontological status as a record and index of past events is transformed into a dynamic ontology of becoming as radiation exerts its modulating influences over time. The radical recoding of the film by way of the nuclear

---

15 "If the plastic arts were put under psychoanalysis, the practice of embalming the dead might turn out to be a fundamental factor in their creation. The process might reveal that at the origin of painting and sculpture there lies a mummy complex. The religion of ancient Egypt, aimed against death, saw survival as depending on the continued existence of the corporeal body. Thus, by providing a defense against the passage of time it satisfied a basic psychological need in man, for death is but the victory of time. To preserve, artificially, his bodily appearance is to snatch it from the flow of time, to stow it away neatly, so to speak, in the hold of life. It was natural, therefore, to keep up appearances in the face of the reality of death by preserving flesh and bone." See Bazin, "The Ontology of the Photographic Image," pp. 4–5.

laden Teilchen von unterschiedlichen Verfallszeiten ab, verstrahlen dabei Lebensräume und entstellen im Vorüberziehen biologische Systeme.[17] Indem es seine Wirkungen überallhin trägt, erweitert das Nukleare die ursprüngliche Kontaktzone des Ereignisses – die Spuren seiner fotografischen Aufnahme, wenn man so will – und erschwert es uns, jenes langsame Durchsickern seiner Gewalt über Länder und Epochen hinweg zu begreifen, das so vollkommen im Gegensatz zur gezielten Unmittelbarkeit der Atomexplosion steht. Zwar sind die meisten der über einhundert in die Atmosphäre freigesetzten radioaktiven Elemente längst zerfallen, aber Strontium-90 und Cäsium-137, die direkt auf Tschernobyl zurückgehen, finden sich bis heute in verschiedenen Teilen der Welt.[18] In diesem Sinn führt das Bild des eingedämmten Nuklearen im Autoradiogramm des Kugelfisches in die Irre, wie Bradley selbst klar wurde, als er einen merkwürdigen, milchigen Ausfluss des Korallenriffs als ersten Hinweis darauf deutete, dass die radioaktiven Verunreinigungen das physische Ökosystem des Atolls dramatisch beeinträchtigten. „Nachdem Taucher herausgefunden haben, dass die Korallen aufgrund irgendeiner unbekannten tödlichen Substanz stellenweise ins Kalkweiße ausbleichen, sorgt man sich nun zunehmend um die Fische."[19] Diese Erscheinung war auch Anlass für Bradley und seine

---

17 Cäsium ist eines der langlebigsten radioaktiven Isotope. Es wird von natürlichen Stoffen leicht aufgenommen, weil seine Salze, mithin die häufigsten chemischen Verbindungen, in denen es vorkommt, sehr gut löslich sind.

18 Große Mengen Strontium-90 (Sr-90) wurden auch im Zuge von Atomwaffentests in der Atmosphäre während der 1950er- und 1960er Jahre weltweit verbreitet. Tschernobyl ist also nicht die einzige Quelle von SR-90. Vgl. International Atomic Energy Agency, www.iaea.org/newscenter/features/chernobyl-15/cherno-faq.shtml, außerdem US Environmental Protection Agency, www.epa.gov/radiation, zuletzt besucht am 22.9.2013 bzw. am 29.9.2013.

19 Bradley, *No Place to Hide*, a.a.O., S. 124f.

accident insists that an analytic pursuit of Shevchenko's film as merely a representation of the real must be set aside in favour of an engagement with the film as an actual toxic event. Because of the energetic nature of nuclear materials, their radioactive contaminants consistently break free of the technogenic housings that, in principle, are meant to contain them.[16] Escaping to migrate across sovereign borders, radiological dust clouds discharge their particles at varying rates of decay, irradiating environments and warping biological systems as they pass.[17] In distributing their effects, the nuclear expands the original contact zone of the event—its photographic registration marks if you will—making it difficult to apprehend the slow leaking of its violence across territories and over epochs, quite unlike the targeted immediacy of the atomic blast. While most of the more than one hundred radioactive elements that were produced by the atmospheric release have long since decayed, Strontium-90 and Caesium-137 isotopes directly attributed to Chernobyl are still present in areas of the world today.[18] In this sense, the contained image of the nuclear archived by the radio-autograph of the puffer fish is somewhat misleading, as Bradley himself realised when he described

---

16 "Nuclear materials" writes Peter C. Van Wyck "stand in relation to their containment only very imperfectly—there is always leakage." Van Wyck, *Signs of Danger: Waste, Trauma, and Nuclear Threat*, p. 19.

17 Caesium, one of the most enduring radioactive isotopes, is easily absorbed by natural materials because of high degree of solubility of its salts, which are some of the most common chemical compounds found within it.

18 Large amounts of Strontium-90 (Sr-90) were also dispersed worldwide during atmospheric nuclear weapons tests conducted during the 1950s and 1960s, so Chernobyl is not the only source of Sr-90. See International Atomic Energy Agency. www.iaea.org/newscenter/features/chernobyl-15/cherno-faq.shtml. See also US Environmental Protection Agency briefings. www.epa.gov/radiation. Accessed 22.09.13 and 29.09.13 respectively.

Mitarbeiter, das Gewebe von Meerestieren zu fotografieren, denn deren Toxizität würde in kürzester Zeit ihren Weg entlang der Nahrungskette fortsetzen.[20]

In diesem Essay galt Radioaktivität durchgängig als eine Gewalt, die die Materie radikalisiert und alles verwandelt, was mit ihr in Berührung kommt – die so auch eine Art aufständische, über das Sehen hinaus wirkende Fotografie hervorgebracht hat. Das Provozierende an solchen radikalen Kontakt-Prints besteht letztlich darin, dass sie einen Prozess bezeugen, in dem Bilder nicht einfach nur Ereignisse darstellen, sondern selbst unmittelbare Fortsetzungen *von* Ereignissen und Materialisierungen *als* Ereignisse sind.

20 „Fast alle Meeresfische, die in letzter Zeit rund um das Bikini-Atoll gefangen wurden, waren radioaktiv. Die Krankheit wird also von einer Art zur nächsten weitergegeben wie eine Seuche. Die einzigen Faktoren, die ihre Ausbreitung im Unterschied zu ansteckenden Krankheiten tendenziell eindämmen, sind die Halbwertszeiten des betreffenden Materials und das Ausmaß der Verdünnung und Zerstreuung der Spaltprodukte." Ebenda, S. 126.

a strange milky diffusion emanating from the coral reef as offering the first signs that radioactive contaminates were dramatically altering the physical ecosystems of the Atoll. "With the discovery, by divers, that areas of coral were bleaching out into chalky white from some unexplainable and lethal agent has come an increasing concern over the fish."[19] It was this phenomena that led Bradley's team to photograph the marine tissue of fish, whose toxicity would in short order begin to make its way up through the food chain.[20]

Throughout this essay, radioactivity has been the force that radicalises matter, transforming all that comes into contact with it, producing a kind of insurgent photography that operates in excess of vision. The provocation of such radical contact prints is ultimately that of bearing witness to processes in which images do not merely represent events but are themselves continuous *with* and materialised *as* events.

---

19 Bradley, *No Place to Hide*, pp. 124–25.

20 "Almost all seagoing fish recently caught around the atoll of Bikini have been radioactive. Thus the disease is passed on from species to species like an epizootic. The only factors which tend to limit the disease, as distinguished from infectious diseases are the half- lives of the material involved, and the degree of dilution and dissemination of the fission products." Ibid. p. 126.

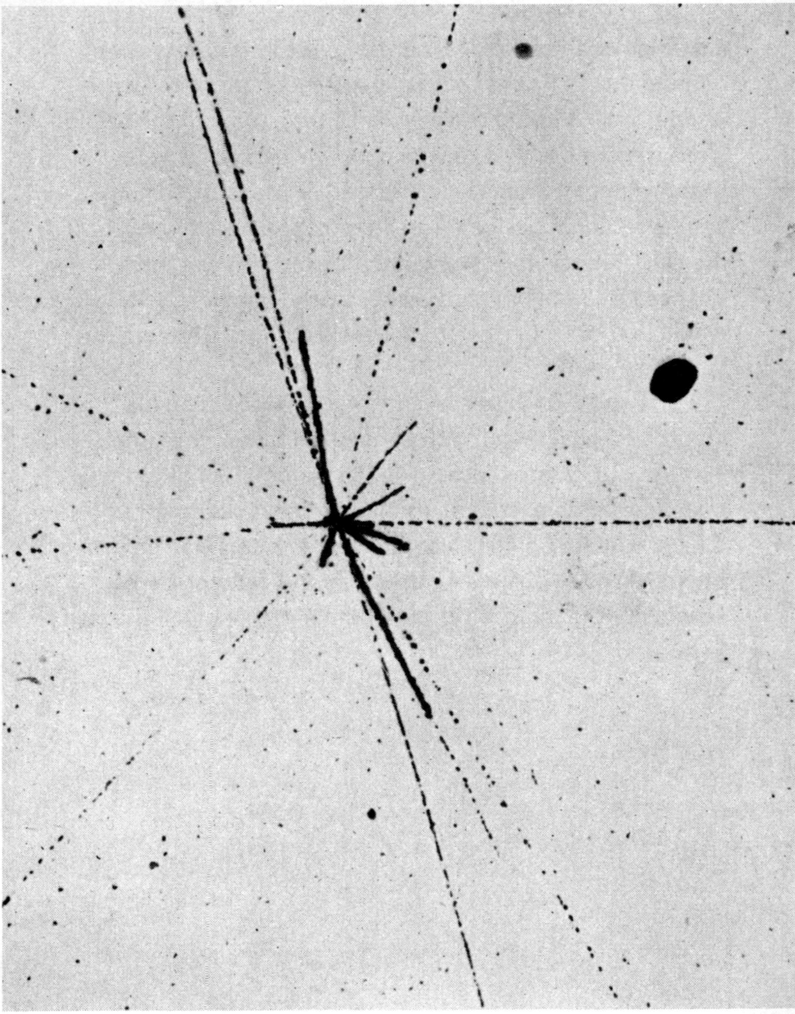

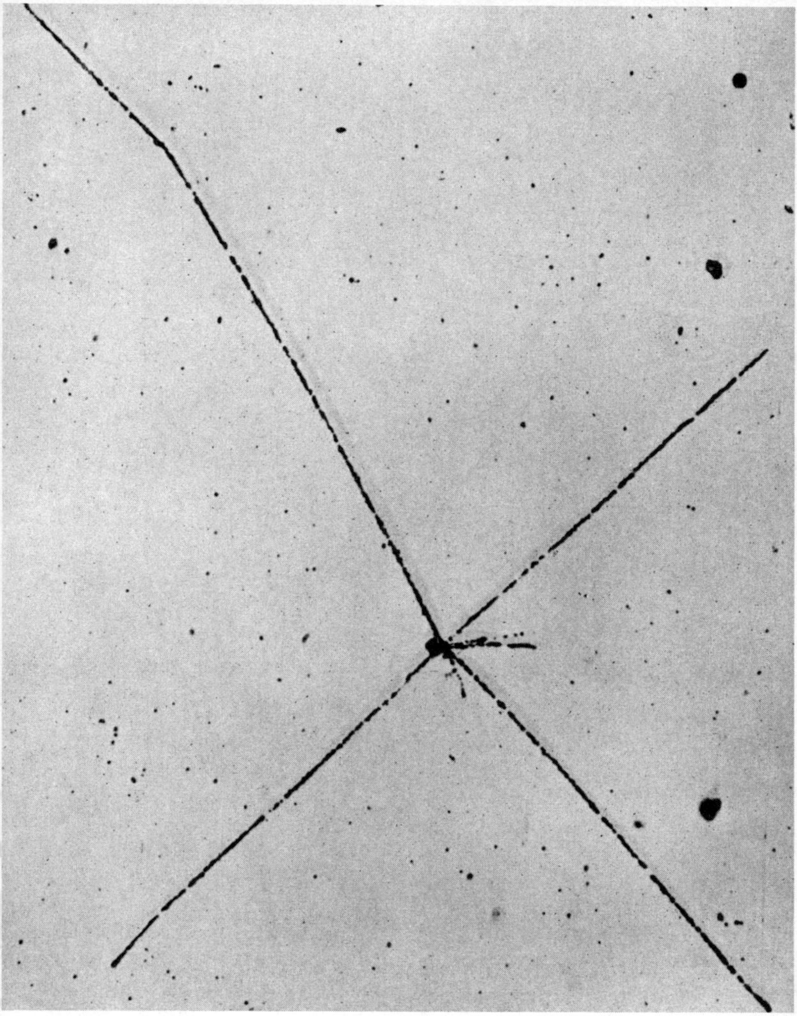

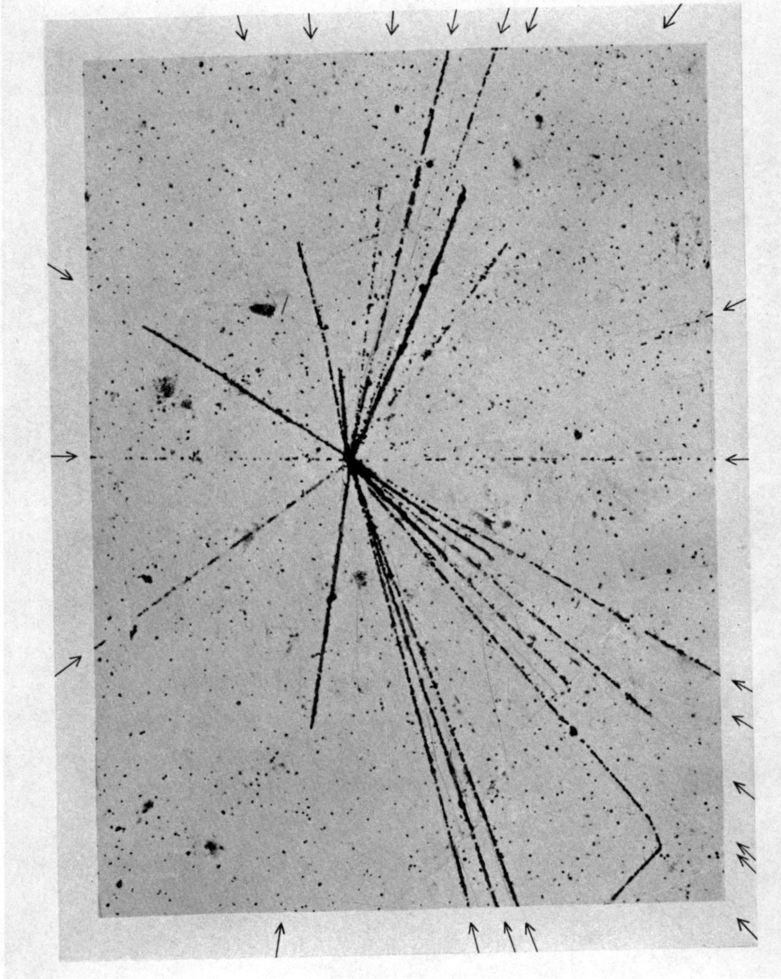

PLATE II

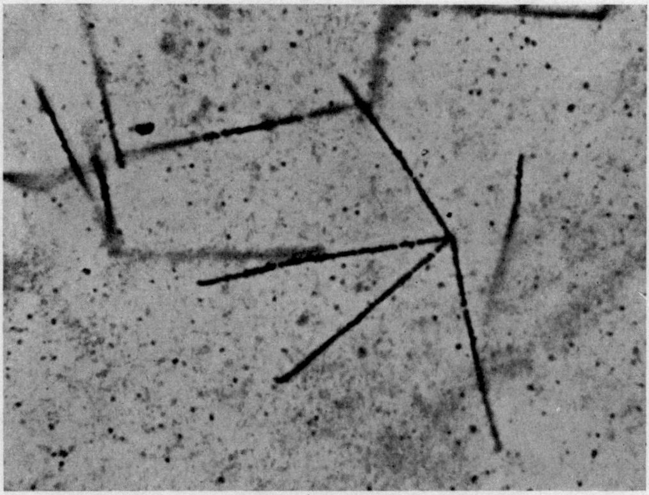

← – – – – – – – – – – 50 μ – – – – – – – – – – →

'Radiothorium stars'

In this case, instead of allowing the α-particles to enter the emulsion from a point on its surface, the radio-active material has been incorporated in the emulsion by a 'bathing technique'. The plate was soaked in a solution of thorium acetate in water (1 per cent. by weight) for 10 minutes, washed in running water for 1 min., dried, and left in the dark for 3 days. It was subsequently washed and developed. Such processed plates are found, under microscopic examination, to be full of 'radiothorium stars'. Each star is produced by the successive decay of an original nucleus of radiothorium; see Fig. 3, p. 19. In some cases it can be seen that the tracks do not diverge precisely from a point. This is due to the fact that when an α-particle is emitted, the residual nucleus recoils as in the case of a shot from a gun. The recoil nuclei are sometimes referred to as *a*-particles. Their energy is low and their range so short that the changes in the points of origin of the different α-particles are difficult to detect. The prominent star shown was chosen for photography because, by chance, all four tracks lie nearly in a plane parallel to the surface of the emulsion. By measuring the length of the individual tracks in the star we can determine the parent nucleus from which each α-particle was emitted and hence the order in which they were produced. It will be noticed that the image of other tracks, out of focus, can be seen.

PLATE XXIX

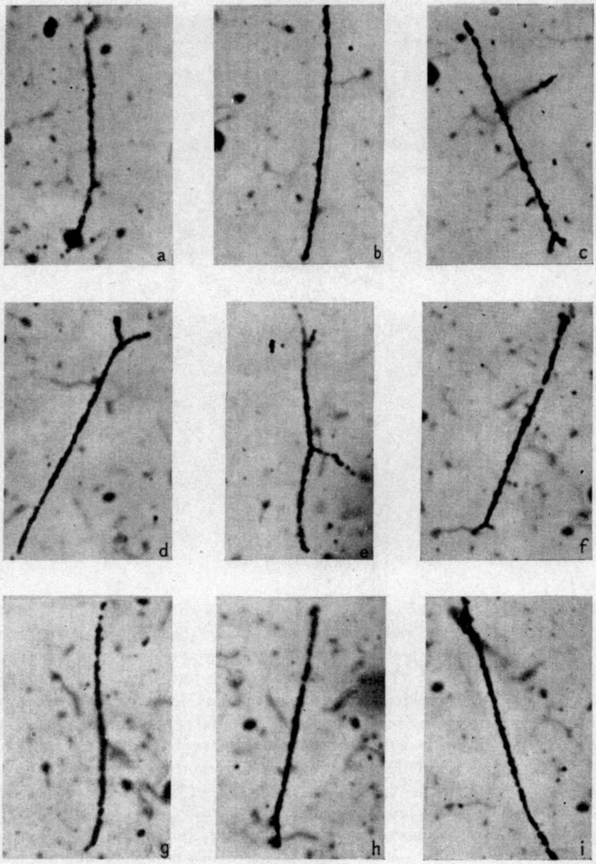

← - - - - - - 25 μ - - - - - - →

Fission tracks

PLATE XXXIII

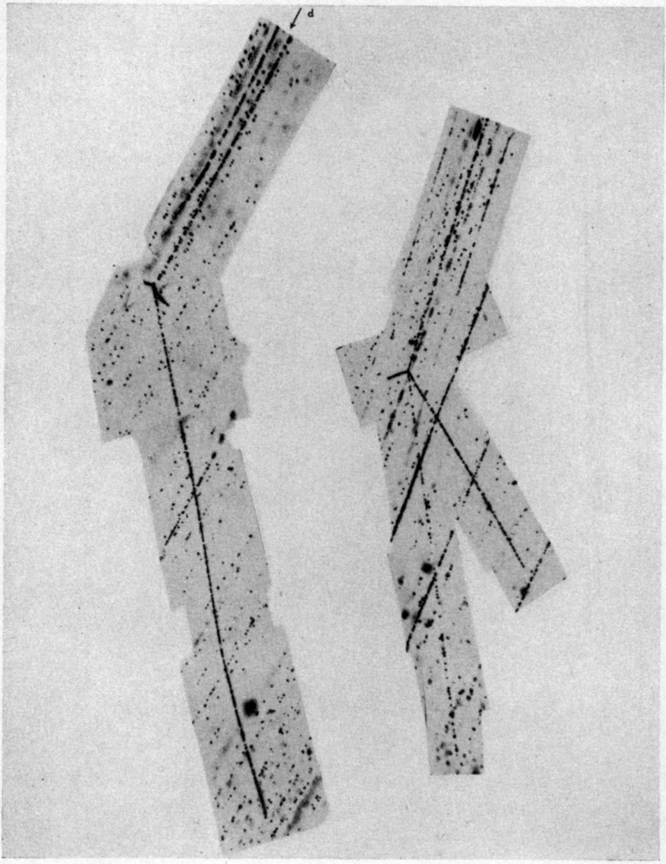

← - - - - - - - 100 μ - - - - - - - →

Disintegration by particles of great energy

VI

RUMMELPLATZ

Werner Bräunig

Zwei gingen die Strecke entlang. Und Hermann Fischer, der vorn ging, sagte zu Christian Kleinschmidt, der hinten ging mit der Axt und dem Stempel: »Gib mal den Kaukamm her.« Denn er war aus den anderen Schächten gekommen, den doppelt tiefen, wo die Steinkohle liegt, und die Axt heißt dort so. Alles heißt dort anders. Die Arbeit ist anders. Die Menschen sind anders. Das hat der Berg gemacht in fünfhundert Jahren.

Sie hatten den Türstock erreicht, der in die Knie gebrochen war. Glitschiges Holz, das dem Druck nicht mehr standhielt; Geröll brach nach, senkrecht und seitlich. Sie räumten das Bruch. Sie schlugen den Stempel zurecht. Hermann Fischer, mit weiten Rundschlägen, trieb einen Keil heraus, der unter der Firste klemmte. Überkopfschläge, schwitzender Stein. Dann glitzerte es rot vor hochgehaltener Handlampe, eine Druse im Berg, faustgroß. »Kobalt«, sagte Fischer. In seinem Haus, im Wolfswinkel, hatte er eine ganze Sammlung. Unten in der Kohle findet man manchmal Abdrücke von Farnen und Schachtelhalm, seltsame Gebilde. Hier findet sich nichts dergleichen, eher schon Bleiglanz und Quarz, Kristalldrusen und Wismut. Zweihundertfünfzig Millionen Jahre lagert die Kohle, Braunkohle höchstens sechzig Millionen, das ist kaum der Rede wert. Wie lange liegt die Uranpechblende? Chemische Prozesse, wenn man den Markscheider fragt. Mineralogie ist schwer zu erklären. Aber nichts ist von Anfang an da. Rot blüht an der Firste die Kobaltblüte.

»So«, sagte Hermann Fischer, »der steht gut.« Und sah sich den Türstock an, Stempel, den er ausgewechselt hatte, gekehlt gegen den Druck der Firste, Kappe gegen den Stoß gekehlt. Leuchtete ihn ab mit der Handlampe. Soweit sich der Berg nicht trug, würde der Türstock ihn tragen.

Sie gingen weiter. Die Lampen warfen wenig Licht. Wasser tropfte, sickerte an Schalhölzern, sammelte sich im Wassersaig. Der Junge ging sicherer jetzt, wenig gebückt, gleichmäßig. Der Alte wußte noch, daß ihn manchmal nur so eine

They had reached the span of the roof where the support prop had begun to sag. Soggy wood which could no longer stand the pressure. Debris broke loose and down to the side. They cleaned the break. Beat the prop back into place. With large swings, Hermann Fischer drove out a wedge that had been stuck beneath the ceiling. Overhead strokes, sweaty stone. Then it glimmered red in the hand lamp's beam, a geode in the mountain, fist-sized. "Cobalt," Fischer said. At his home in Wolfswinkel he had a whole collection of it. Down in the carbon you could sometimes find the imprints of ferns and horsetail, strange shapes. Here you wouldn't find anything like that, just galena and quartz, crystal clusters and bismuth. Coal had been there for two hundred and fifty million years, brown coal at the most sixty million, hardly worth talking about. And what about the pitchblende? Minerology's chemical processes, according to Markschneider, are tough to explain. But nothing had been there since the very beginning. Red, the crowns of cobalt bloom red.

finden. Er kann den messinggelben Pyrit finden und den bleigrauen Antimonglanz, gediegen Wismut und vielleicht noch Silber. Wenn einer Glück hat.

Hermann Fischer fuhr aus als einer der letzten. In langer Reihe standen die Männer an der Seilfahrt, neben Fischer stand der Radiometrist Bergschicker. »Na?« sagte Fischer. Aber der Radiometrist winkte ab. Es war nichts zu machen in diesem Monat. Der Vortrieb kam nicht, der Erzplan kam nicht, es würde keine Prämien geben, die Stimmung war miserabel.

»Und nun noch das«, sagte Bergschicker. Er hob die Hand, die war blutverkrustet, ein schmieriger Verband ließ weiße Fingerkuppen frei. »Wühlen wie die Idioten«, sagte der Radiometrist. »Aber berissen wird nicht. Spieß, diese Arschgeige. Wo der arbeitet, da passiert immer was. Und so 'n Neuer war dabei. Wie ich reinkrieche, rutscht 'n Kaventsmann aus der Firste und zerhaut mir die Knochen.«

»Welcher Neue?« fragte Fischer.

»Der mit der Klampfe. Da haben wir uns ja was eingehandelt!«

Fischer sagte nichts. Er schob das Stangengitter hoch und ließ den Radiometristen vorangehen ins Fördergestell. Der Anschläger gab Signal. Bergschicker setzte seinen Kasten ab. »Mal isses die rechte Flosse, mal isses die linke«, sagte er. »Das muß richtig 'n blödes Gefühl sein, wenn dir mal gar nischt fehlt. Ich weiß schon nicht mehr, wie das ist.« Er drehte seine Lampe ab mit der gesunden Hand. Blechern pitschte das Tropfwasser.

Es war das Alltägliche, und war dennoch nicht annehmbar. Spieß, der gut war als zweiter Mann, er war nicht brauchbar in eigener Verantwortung. Spieß und Loose, daś war ein Fehler. Aber wer denn sollte die Neuen einarbeiten, wenn nicht die paar Leute, die den Schacht kannten? Ein Klotz von einem Kerl, ehemaliger Landarbeiter, seit sechsundvierzig dabei, ein Granitschädel, der schaffen konnte und zupacken

Hermann Fischer was one of the last. The men were standing in one long row by the cableway to go down into the tunnels; next to Fischer was the radiometrist Bergschicker. "How's it going?" Fischer asked. But the radiometrist just waved him off. There was nothing to be done that month. The drift hadn't worked out, the mining plan hadn't come, there wouldn't be any bonuses, the mood was miserable.

"And now this too," Bergschicker said. He raised his hand; it was crusted with blood, his white fingertips poking out from beneath a grimy bandage. "They're burrowing like idiots," the radiometrist said. "But no one will say anything. Spiess, that ass. Wherever he works, something always goes wrong. And a new guy with him. As I'm crawling in there, a real whopper slipped out from the ceiling and gave my bones one hell of a crack."

"Which new guy?" Fischer asked.

"The one with the guitar. Boy, did we ever set ourselves up for something!"

Fischer didn't say anything. He pushed the grating up and let the radiometrist into the mining cage. The operator gave the signal. Bergschicker put down his crate. "Sometimes it's the right paw, sometimes the left," he said. "That's gotta be a weird feeling when nothing hurts. I don't know what that's like any more." He switched off his light with his healthy hand. The sounds of the dripping water, tin-like.

238 Atomgewicht, eine hohe Dichte, die Pechblende lagert schwer. Christian zerrte die Kisten vom Erzplatz weg, höher hinauf, dem Einstieg zu. Gegen Schichtende würde er sie abseilen müssen.

Er hatte keine Ahnung, wie spät es war. Nur: Schichtende, das ist lange hin, das wußte er. Schichtende, das war eine magische Formel. Manchmal träumte er nachts davon. Wenn er nicht so müde war, daß er selbst im Schlaf noch vom Schlafen träumte. Er stieß den Meißel in den Berg, der Hammer sprang nach, er pickerte die dritte Kiste.

Dann kam der Radiometrist. Schob seinen Kasten herein, hockte sich an den Stoß, fluchte. »Wo haben sie denn dich losgelassen?« brüllte er über den Hammer weg. »Räum gefälligst mal deine Bühnen ab, da bricht man sich sämtliche Knochen!« Christian hörte ihn schreien, aber er verstand nichts. Er setzte den Hammer ab. Aber der Radiometrist sagte nun nichts mehr.

Er stülpte sich die Kopfhörer über und tastete mit dem Zählrohr die Wand ab. Christian hörte das Knattern der verstärkten Impulse. »Jup die Geige«, sagte der Radiometrist, »da ist ganz schön Saft drauf.« Er zeichnete Markierungen an die Wand; bis zur Rolle war alles aktiv. Er horchte auch den Boden ab, aber das Erz knatterte wie verrückt, sie mußten es erst beiseite räumen. »Na«, sagte der Radiometrist, »laß das Zeug bloß nicht in die Masse geraten. Olle Drushwili hat wieder mal seinen scharfen Tag. Mindestens 'n halbes Dutzend Hunte hat der schon abgefangen, weil da noch 'n Krümel Erz drin war. Hat mich glatt zwei Hunte umpakken lassen, und da war's dann jedesmal so 'n Kirschkern von der Güte.«

Es war still im Überhauen; weiter hinten hörte Christian wieder den anderen Hammer. Der Radiometrist drehte sich eine Zigarette. Er hörte den Hammer jetzt auch. »Aljoscha«, sagte er. »Der wird auch gleich rasiert.« Aber er setzte sich erst mal auf seinen Kasten und rauchte.

He had no idea how late it was. Only that the shift's end was a long way off, that much he knew. Shift's end: a magic formula. Sometimes he dreamt about it at night, when he wasn't so tired that, once asleep, he dreamt of sleep. He struck the pick into the stone, followed it with the hammer, filling a third container. Then the radiometrist arrived, shoved his container inside, sat on the edge, cursed. "Where'd they let you out of?" he yelled over the sound of the hammer. "And clean up your scaffolding, otherwise you'll break every one of your bones!" Christian could hear him yelling, but did not understand a thing. He put his hammer down. But the radiometrist was now silent.

He pushed his headphones over his head and scanned the wall with the Geiger counter. Christian could hear the crackling of the intensifying pulses. "When the fiddle jumps," said the radiometrist, "it means there's a lot of juice." He drew marks on the wall; up to the chute everything was active. He listened to the ground as well, but the ore crackled like mad; they'd have to clear it to the side first. "Well," said the radiometrist, "don't let this stuff fall in with rest. Olle Druschwili had another one of his hot days. Already filled up at least half a dozen carts 'cause there was a crumb of ore inside. Got me to unload two of them, just like that, and every time there was a bit of something worthwhile inside."

Ohren, Augen zu, Schnauze auf: Muh! Eine liebliche Generation, kann man wohl sagen. Und Sie, Herr Nachbar?« Das ging an Christian. Aber der glaubte nicht, daß irgendwas so und nur so sein könnte, es gab immer noch eine andere Lösung, oder wenigstens einen anderen Weg. »Macht ihr euch euren vorgedruckten Versammlungsvers, ich mach mir meinen selber«, hatte er gesagt. Und der Radiometrist hatte die Augen zusammengekniffen und gemurmelt: »Verstehe, Intellektueller.« Und hatte ihn stehenlassen.

»Meine Herren«, sagte der Radiometrist, »woll'n wir mal wieder.« Er drückte seine Kippe aus und griff seinen Kasten. »Ich komme dann und helfe dir die Kisten abseilen.«

Christian sah ihm nach, wie er nach hinten kroch, immer in die Richtung, aus der der andere Hammer tuckerte. Dann arbeitete er weiter.

Und es geschah etwas Seltsames.

Der Pickhammer arbeitete ruhig und gleichmäßig, Splitter um Splitter nahm der Vierkantmeißel den Berg. Christian hockte am Stoß, vor seinen Knien brach das Erz nieder und häufte sich, die Luft donnerte von den Wänden wider, das Wasser schmatzte. Das kam, weil die angesaugte Luft im Kompressor zu feucht war. Aber unablässig fraß sich die Stahlspitze tiefer, unablässig wich der Berg zurück. Nach und nach vergaß Christian alles um sich her.

Die Arbeit überkam ihn wie ein Rausch, plötzlich und ungeheuer. Er setzte den Meißel an und stemmte ihn mit aller Kraft in den Berg, der Druck der Preßluft schüttelte seinen Körper, der Rückschlag lief wie ein Schauder durchs Fleisch und spannte die Muskeln. Christian spürte den Rhythmus dieser Arbeit. Nun gab der Berg seine Geheimnisse preis. Christian begriff, wie der geringste Spalt zu nutzen war, der winzigste Vorsprung. Er setzte den Hammer von unten an und lernte, das Knie als Hebel einzusetzen. Er drückte den Hammer von oben in den Fels und lernte, sein Körpergewicht

And then something strange happened.

The pickaxe moved quietly and evenly; chip after chip it took the mountain apart. Christian sat on the edge of his container. In front of his knees, the ore broke open and collected in little mounds, the air thundered against the walls, the water made a smacking sound. The air that had been sucked into the compressor was too humid. But the steel point unrelentingly ate deeper into the mountain; and unrelentingly the mountain drew back. Little by little, Christian forgot everything else.

The work came over him as if he were drunk—sudden and monstrous. He placed the pick and drove it into the stone with all his might. The pressure from the compressed air shook his body, the blowback ran like a shudder through his flesh, muscles strained. Christian could feel the rhythm of his work. And now the mountain began to reveal its secrets.

sich zurrte er seinen Luftschlauch, den Hammer angeschlossen, der blaffte. Er zählte die leeren Erzkisten und griente noch immer. »Nu tak, wir zusammen, charascho?«

»Charascho«, sagte Christian.

Zum Wundern war nicht die Zeit.

Dann waren sie am Berg. Christian arbeitete über der Rolle, Aljoscha rechts neben ihm, drei Meter vielleicht, und immer aufwärts. Und wieder stieß der Meißel in den Berg, brach das Erz nieder, häufte sich. Manchmal arbeiteten sie einander zu, manchmal voneinander weg. Christian sah, daß Aljoscha schneller vorankam, daß sein Vorsprung zunahm, aber er gab nicht nach. Aus zwei Hämmern donnerte jetzt die Luft gegen den Berg, hallte wider in dem engen Überhauen und brach sich. Nichts war zu hören sonst und nichts zu verstehen. Die Luft dröhnte.

Dann zerrten sie Kisten heran und packten Erz. Christian sah die vollen Kisten neben den leeren, und plötzlich spürte er das Verlangen, den Stapel der vollen Kisten wachsen zu sehen. Er klopfte die Erzplane ab. Er ging wieder an den Berg.

Und entdeckte jetzt auch hier die Magie des Abnehmenden und Zunehmenden: er sah den Berg zurückweichen, der Erzhaufen wuchs. Ein freier Raum entstand, den es nie vorher gegeben hatte. Da hatten sie Höhlen gebaut als Kinder, und waren hineingekrochen, und hatten sich einen Platz geschaffen und ein Dach überm Kopf für ihre Spiele, die alle den größeren Spielen der Erwachsenen abgeguckt waren – so war das auch hier. Noch lagerte die Ader, aber Christian konnte den Raum schon sehen, wie er sein würde, wenn er sie bezwungen hätte. Und da kniete Aljoscha am Berg, und war nun einfach einer wie damals Pitt oder Hannes, als sie den Entdeckerspielen eine Unterkunft gemauert hatten. »Nu tak«, brüllte Aljoscha, und noch irgend etwas, dieses Wismut-Idiom aus Deutsch und Russisch und gutem Willen, aber

Then they began to haul containers and collect ore. Christian saw the full containers next to the empty ones, and suddenly felt the urge to see the stack of full ones grow. He pulled the tarpaulin covering off the ore. He went back to the stone. Here too he now discovered the magic of wax and wane: he saw the mountain retreat, and the mound of ore increase. An open space that had never existed before began to form. As children they had built little caves and crawled inside, had made a place for themselves, and had a roof over their heads for the games they had copied from the adults—that's how it was here too. The veins were still there, but Christian could already see the room, could see how it would be once he had mastered it. And over there Alyosha was kneeling before the stone, but was now simply like Pitt or Hannes back when they had built a shelter for their games of discovery. "Goad mornsch'ng," Alyosha bellowed along with something else in that Wismut idiom of German and Russian and plain good will.

Maschinenhaus hinab. Vom Treppenfenster aus sah er den Steiger Fischer über den Hof gehen. Er lächelte unwillkürlich. Der Alte war schon in Ordnung, immer Ideen, immer Pläne. Nur ein bißchen vertrauensselig war er, etwas zu gutgläubig. Sie müßten es doch eigentlich gelernt haben, die alten deutschen Kommunisten, nach allem, was hinter ihnen lag. Vertrauen ist gut, Kontrolle ist besser. Fischer hatte ihm einmal gesagt: Der Genosse Drushwili, der Reviergeophysiker, der bringt mit seinem Sabotage-Geschrei nur die Leute durcheinander. Abzüge und Strafen – bei Frischlingen, die noch gar nicht begreifen, was sie eigentlich falsch gemacht haben. Das macht nur böses Blut. Polotnikow wußte noch genau: es war am sechsten August gewesen. Sie hatten vor der Wandzeitung der Gesellschaft für Deutsch-Sowjetische Freundschaft gestanden. Fischer hatte auf die Zeitungsbilder gezeigt, Aufnahmen nach dem Atombombenabwurf auf Hiroshima, und hatte gesagt: Das da müssen wir den Kumpels klarmachen. 280000 Tote. Achtzigtausend in einer einzigen Minute. Und daß das uns allen blüht, wenn den Amerikanern nicht gezeigt wird, daß sie nicht ungestraft mit der Bombe spielen dürfen. Wenn die Sowjetunion im Notfall zurückschlagen kann. Wenn das jeder begriffen hat, wenn jeder weiß, wofür er hier arbeitet, dann brauchen wir keine Abzüge und keine Prämien mehr. – Polotnikow hatte damals gelächelt.

Zuviel wenn, Genosse Fischer. – Drushwili allerdings hatte er den Kopf zurechtgesetzt.

Er sah den Alten um die Ecke der Markscheiderei biegen. Sein Gesicht war nachdenklich geworden. Er dachte: Natürlich hat er übertrieben. Ganz so einfach ist es nicht, schon gar nicht in Deutschland. Aber hat er nicht dennoch im Grunde recht?

Christian Kleinschmidt setzte einen Türstock. Der Schwamm saß am Grubenholz, es roch nach Wald und nach Moder, wer

Polotnikov still remembered it as if it were yesterday: the sixth of August. They had been standing in front of the newspaper wall of the Society for German-Soviet Friendship. Fischer had pointed to the pictures, images taken after the atomic bomb had been dropped over Hiroshima, and said: "We've got to make this clear to our fellow miners. 280,000 deaths. Eighty thousand in just one minute. And that this can happen to all of us if we don't show the Americans they can't play with the bomb without paying. That the Soviet Union, if necessary, can hit back. If everyone just understood, if everyone knew why we were working here, then we wouldn't need any more allowances or bonuses." Polotnikov had just smiled.

"Too many ifs, Comrade Fischer." Drushwilli had set his head straight.

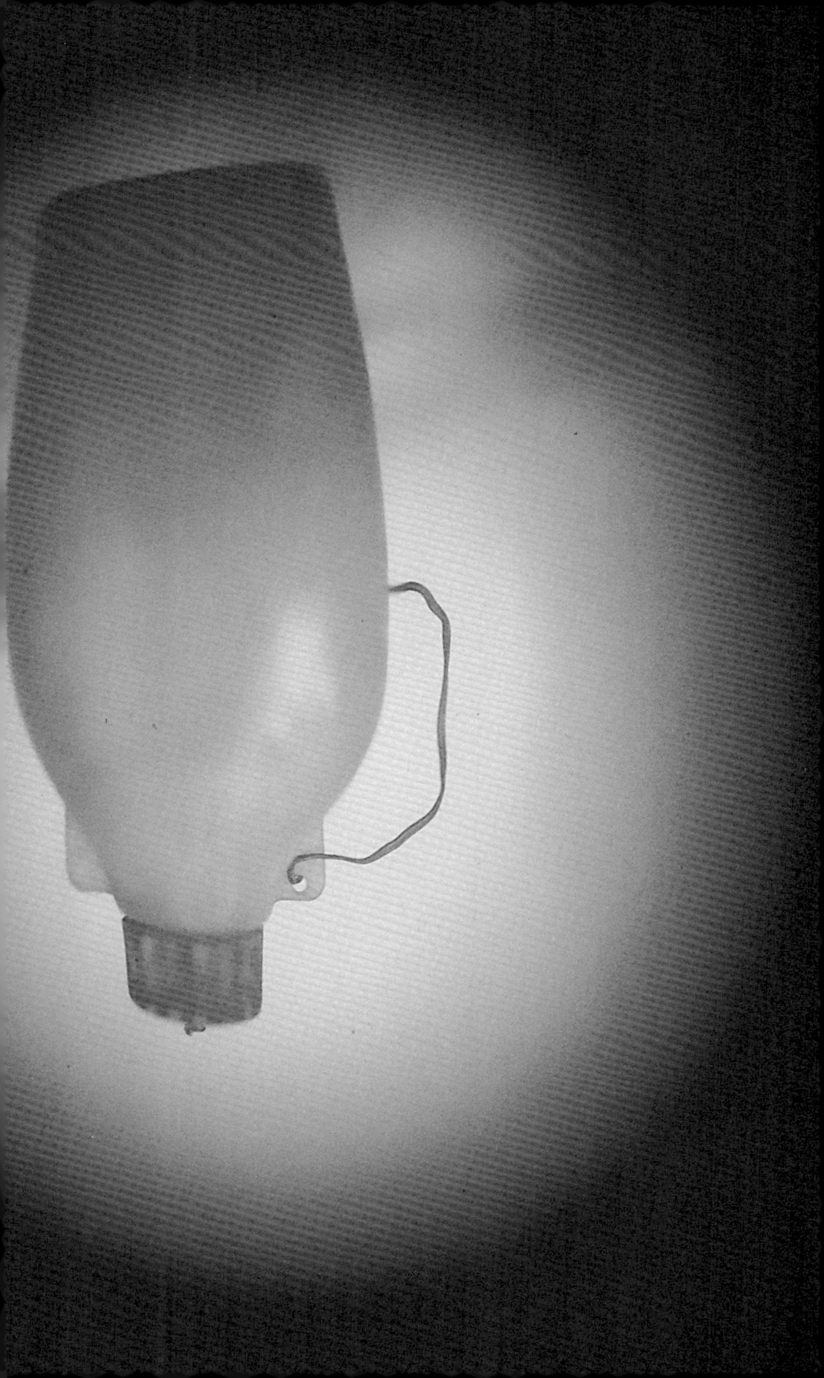

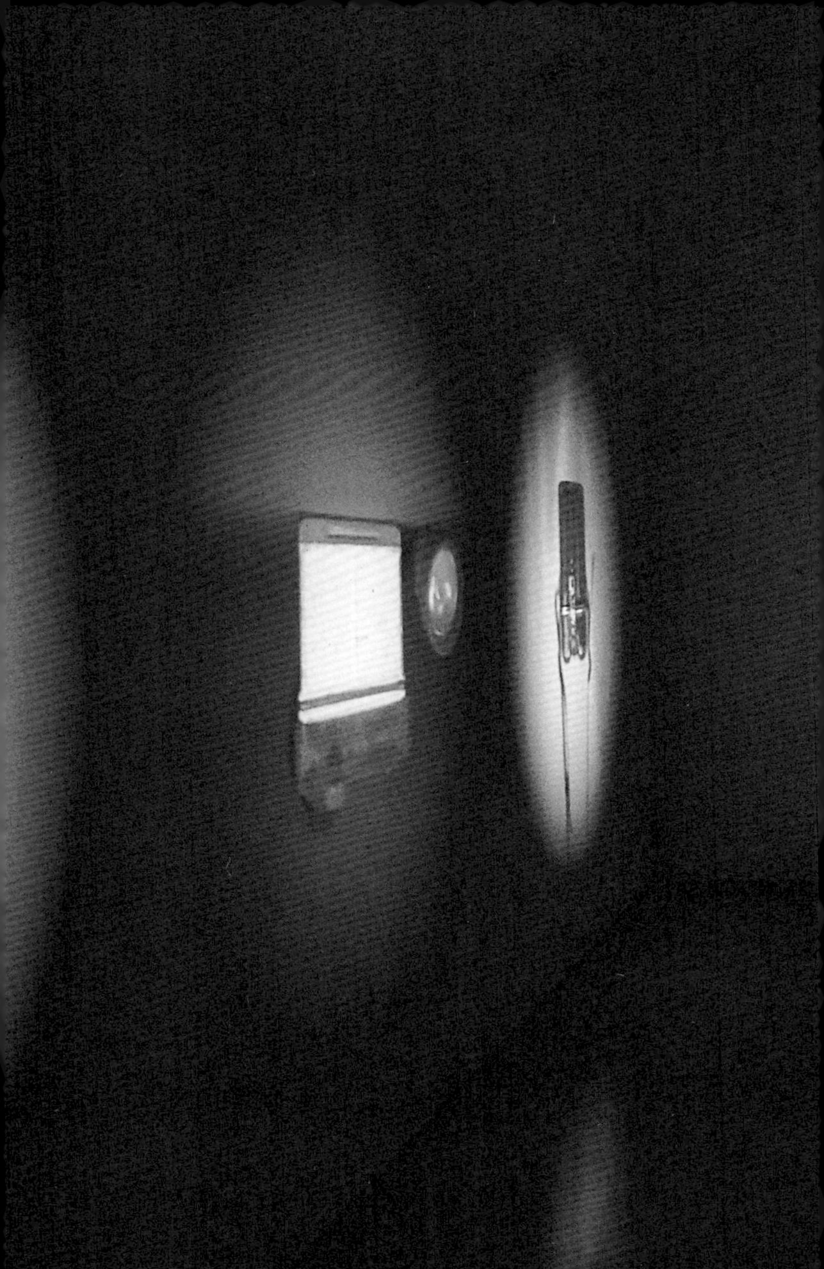

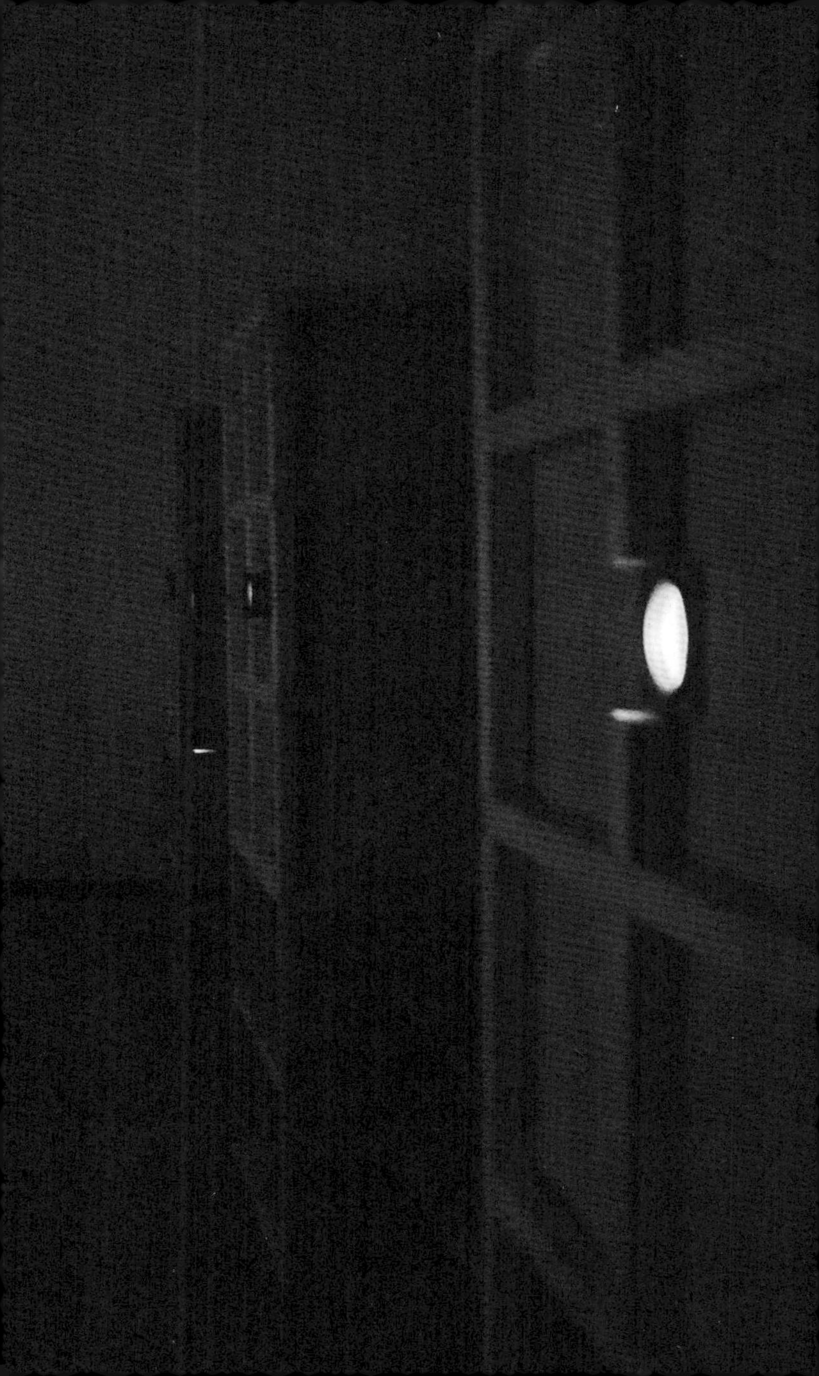

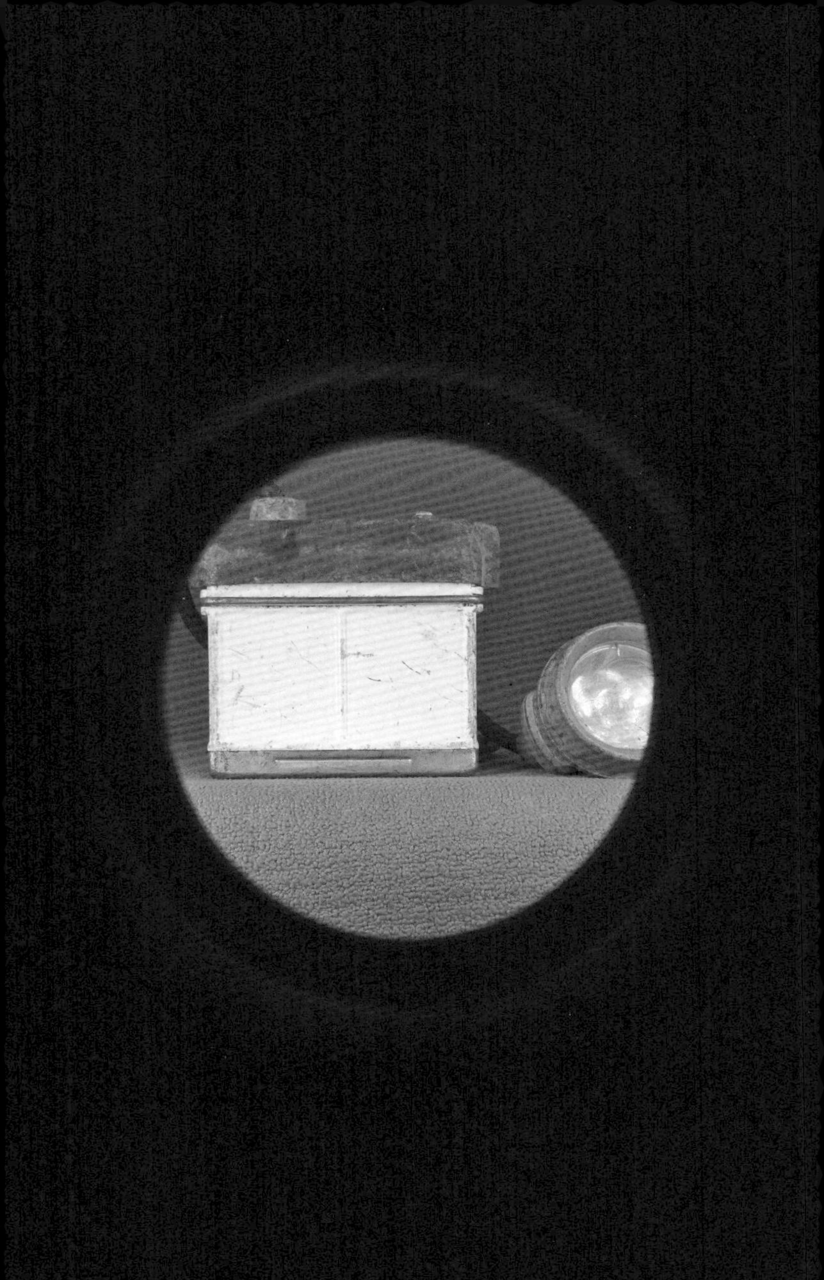

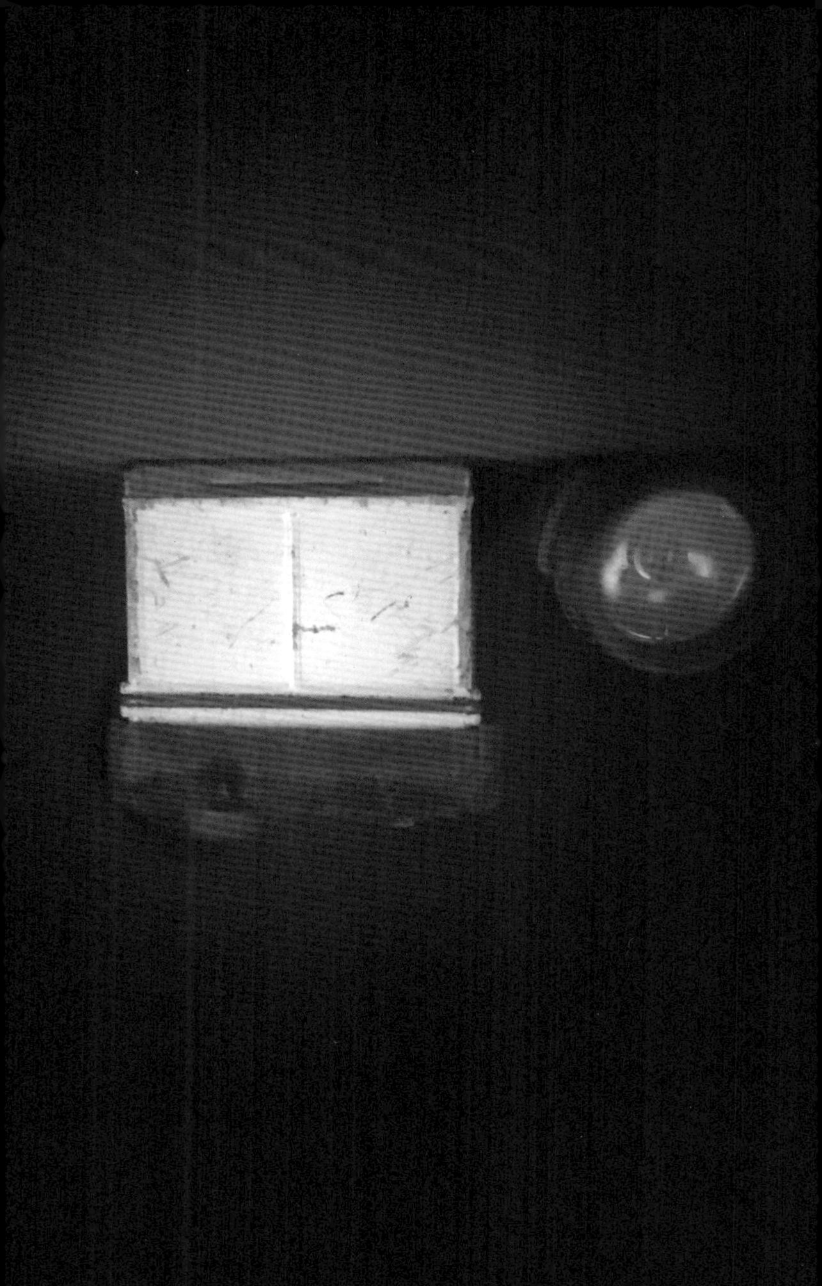

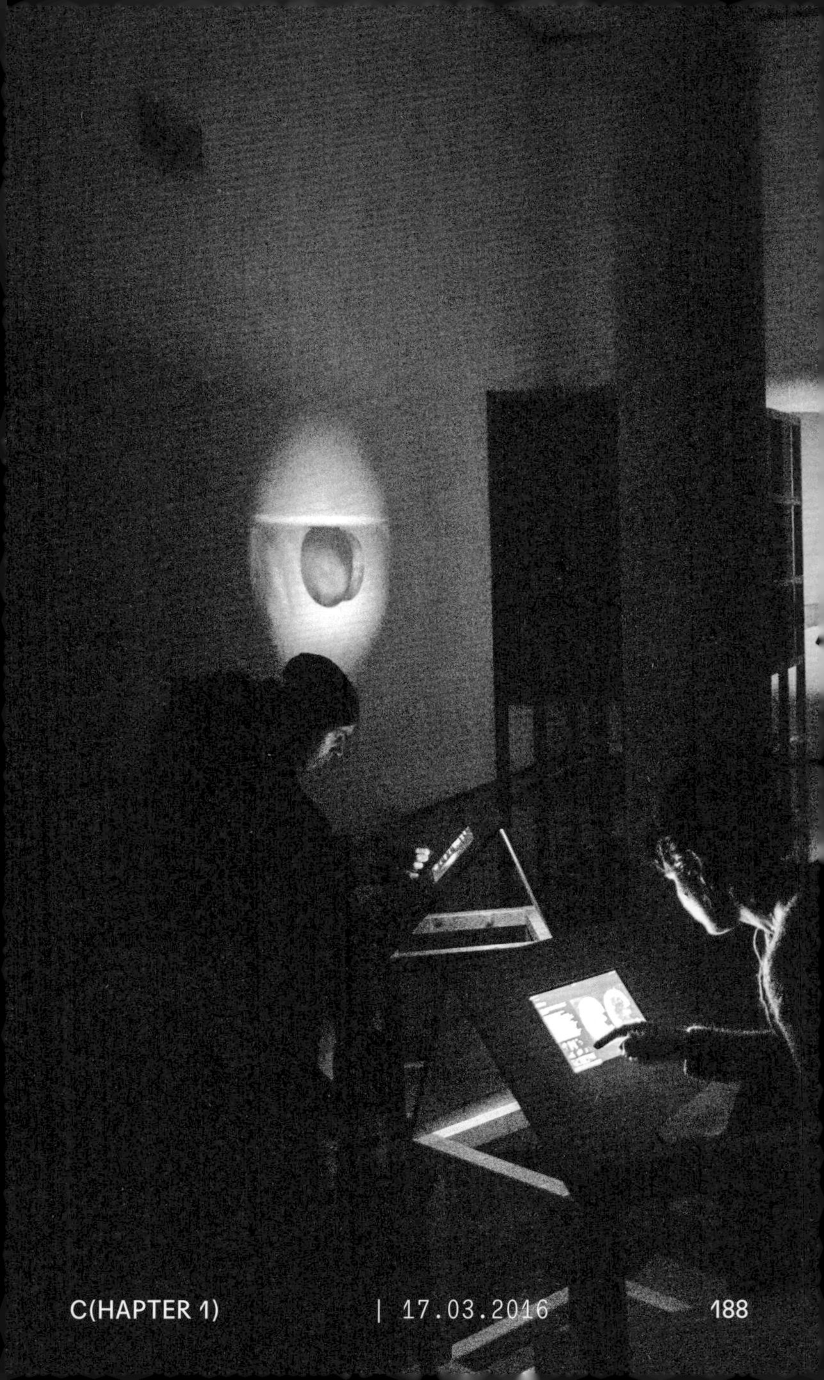

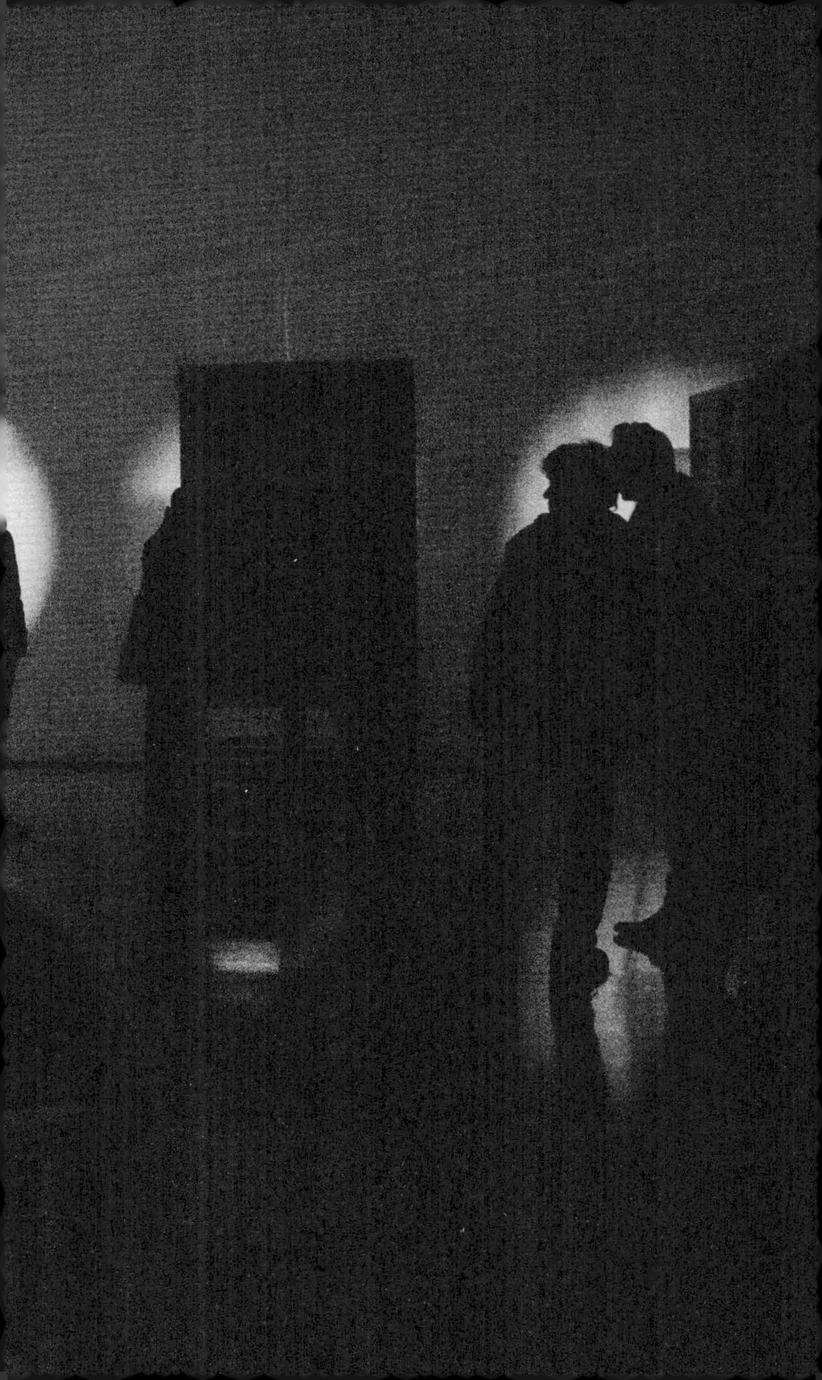

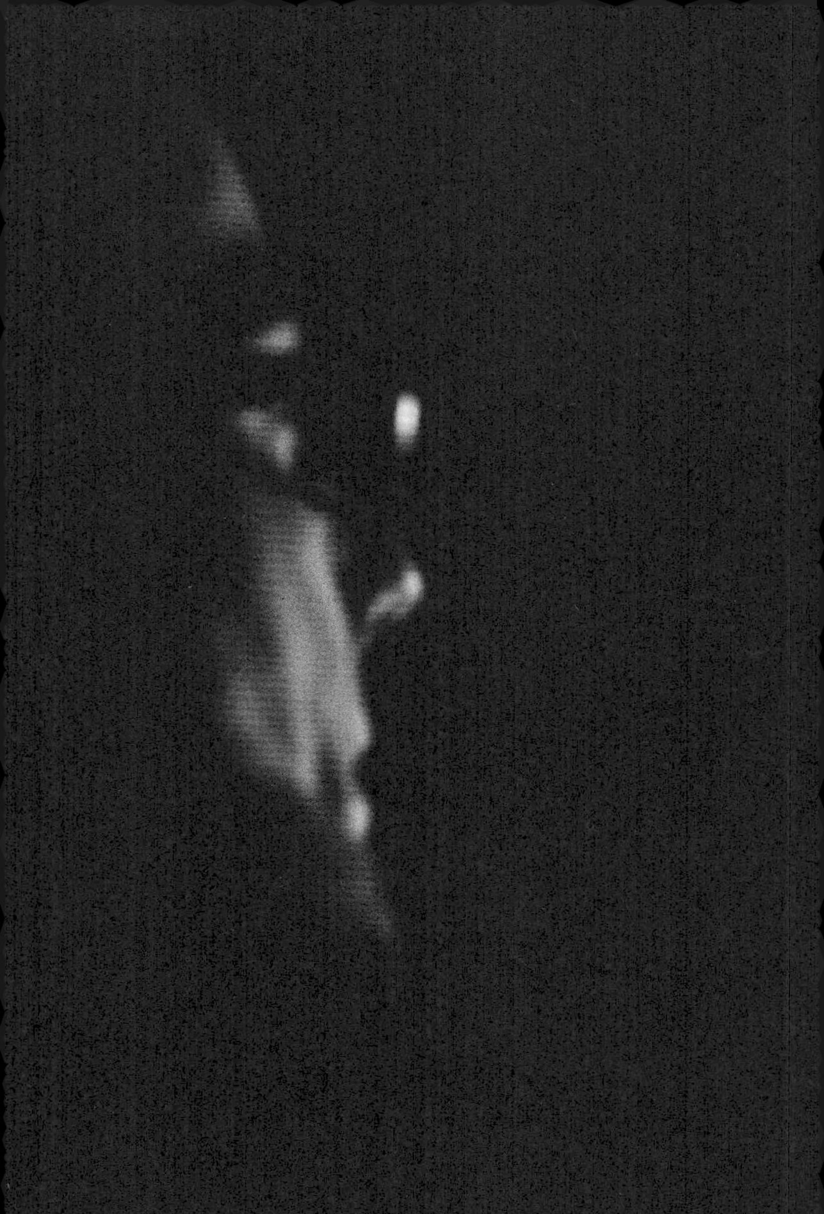

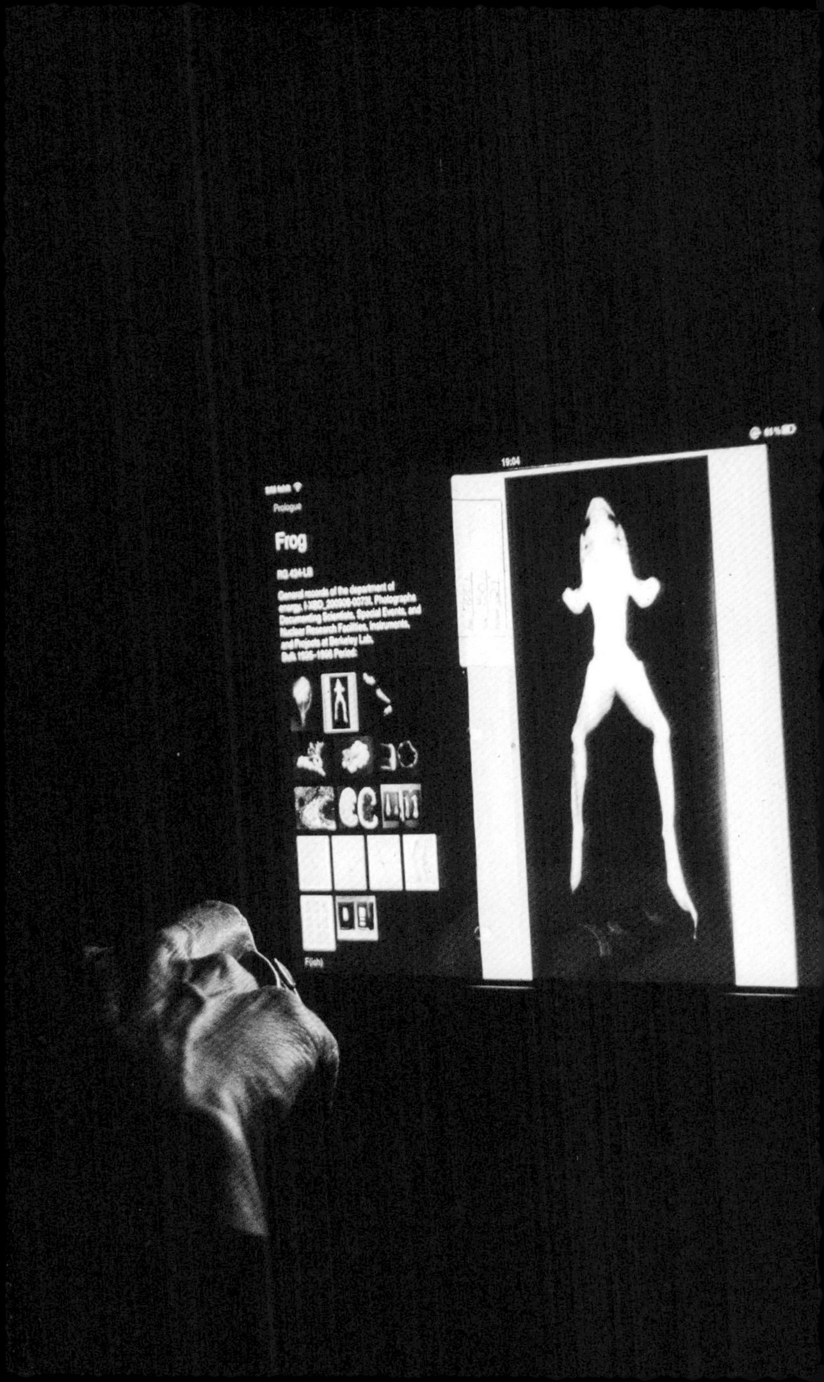

Prologue
Frog

VII

DAS TERRITORIUM DER MÜDIGKEIT

Lutz Seiler

müde bin ich

vorm schlafen sprach ich leise mit
dem haarteil meiner mutter ich
kann mich nicht erinnern wie

es sang von seinem bleichen
kopf aus styropor so leise
lieder loreleyn es sang

man müßte nochmal
zwanzig seyn und sagte dass
ich schlafen soll

Die beiden Dörfer Ostthüringens, in denen ich aufwuchs, zählten im Volksmund zu den *müden Dörfern*. Die Leute dort, hieß es, wirkten phlegmatisch, schlaff und sie selbst klagten über anhaltende Müdigkeit und wunderten sich über ihre Absencen. Eine Schwere lag auf den Dingen, auf der scheinbar endlosen Folge unserer Tage im Hof, im Garten, im Labyrinth der Nebengebäude eines halbtoten Gutsbesitzes nach der Kollektivierung. Ein großer Vierseitenhof mit Futterkammern, Waschküche, Garagen, Ställen und Scheunen für Heu, in denen unbenutzte Fuhrwerke standen, daneben eine Dreschmaschine von fünf Metern Höhe, die satanische Geräusche von sich gab und mir die Vorstellung, in ihren Trichter gerufen und zermahlen zu werden. Überall gab es Gruben für Jauche oder Wasser, in die man als Kind, allein durch die Vielzahl ernst gemeinter Warnungen, zu fallen geneigt war.

THE TERRITORY OF TIREDNESS

i am tired

before going to sleep i'd quietly speak with
my mother's hairpiece i
don't remember how

it managed to sing from its pale
styrofoam head so quietly
llorelyn songs

you'd have to be
twenty again and it told me
too i should go to sleep

People generally referred to the two East Thuringian villages in which I grew up as the *tired villages*. People there, it was said, were apathetic and listless and they themselves even complained about their perennial fatigue and wondered about those strange moments when they were somehow absent. There was a heaviness there, which hung over everything: over the seemingly endless series of days in the courtyard, over the garden, in the labyrinth of the outbuilding of the half-dead, post-collectivization estate. A large four-sided farmyard with feed rooms, a laundry room, garages, stalls, and hay barns with unused wagons, next to which stood a five-meter high threshing machine that would emit satanic noises and gave me the impression that sooner or later I would be called into its hoppers and chewed apart. Everywhere there were ditches for slurry or water that

Ein bizarres Gebirge begrenzte die Welt der müden Dörfer und prägte den Horizont meiner Kindheit: die Abraumhalden und Absetzanlagen, darunter die Erze, das Uran. Als sich die amerikanischen Besatzer 1945 aus Thüringen zurückzogen und im Gegenzug Berlin in Sektoren geteilt wurde, hatten sie etwas übersehen: Pechblende, schwarz und glänzend wie Kindspech lag das kryptokristalline Urangestein in der Erde, ihr schwerstes natürliches Element. Die ostdeutschen Lagerstätten waren bei den Westalliierten auf seltsame Weise in Vergessenheit geraten. James Byrnes, der damalige amerikanische Außenminister, hatte erklärt, die Sowjetunion könne Atombomben nicht herstellen, weil es in Russland keine erschließbaren Uranvorkommen gebe. Nach dem Abzug der Amerikaner, noch 1945, erforschten russische Geologen die ostdeutschen Uranerzlager. Ein Jahr später begann die einzige kommunistische Aktiengesellschaft auf deutschem Boden, die sowjetisch-deutsche AG Wismut, spaltbares Material für russische Atombomben aus der Erde zu holen. Das amerikanische Atombomben-Monopol wurde gebrochen.

Die Uranhalden, ihr aschgrauer Auswurf, die dünne Birkenbehaarung am Fuß dieser Berge gehörten zum Horizont meiner Kindheit wie für andere vielleicht das nahe Alpenmassiv oder die Traufline der gegenüberliegenden Häuserreihe. Wenn ich pendelnd über dem Gatter lag, das sich nach hinten hinaus zu den Feldern öffnete, stieg ihr Horizont in meine Träume.

Mein Vater erzählt, dass eines Morgens ein Bohrturm in ihrem Garten gestanden hätte. Der Kommentar eines Nachbarn: „Bei mir steht auch einer." Zugleich war der Weg ins Nachbardorf verschwunden – weggebaggert, verschüttet. Thüringen wurde zum drittgrößten Uranabbaugebiet der Welt (nach den USA und Kanada), zeitweise wurde eine halbe Million Menschen beschäftigt. Die Kumpels der Uranprovinz hatten

children might have the inclination to fall into—simply because they'd heard so many grave warnings from their concerned parents.

A bizarre mountain delimited the world of the tired villages and shaped the horizon of my childhood: the slag heaps and tailing ponds beneath which lay the ore, the uranium. When the American occupying forces pulled out of Thuringia in 1945 and as a countermeasure Berlin was divided into sectors, they managed to overlook something in particular: pitchblende. Black and glistening like meconium, those cryptocrystalline uranium stones down in the earth are its heaviest natural element. Strangely, the East German storage sites were forgotten by the Allies. James Byrnes, then Secretary of State, had explained that the Soviet Union could not produce atomic bombs, as there were no uranium deposits in Russia. After the Americans' departure, though still in 1945, Russian geologists discovered the East German uranium deposits. One year later, the only communistic stock company on German soil, the Soviet-German AG Wismut, began to take fissionable material for Russian atomic bombs out of the earth. The Americans' monopoly on the atom bomb had been broken.

The uranium stockpiles, their ash-grey emissions, the thin, hair-like covering of birches at the foot of this mountain belonged to the horizon of my childhood as for others maybe the Alps do, or the eves of a neighboring row of houses. When I draped myself across the gate that opened back out onto the fields, their horizon reached all the way into my dreams.

My father tells the story of how one morning he awoke to find a drilling rig in the garden. A neighbor said: "There's one in mine too." And, at the same time, the way

Schichtarbeit, aber gute Bezahlung, kürzere Bestellzeiten für Automobile und eine monatliche Rate von vier Flaschen Trinkbranntwein, akzisefrei. 0,7 Liter wurden abgegeben für 1,17 Mark. Ein werkseigener Schnaps, den die Bergleute „Kumpeltod“ nannten. Überhaupt: Ihr Humor war makaber und entsprang einem Gemisch aus Wissen und Ahnungslosigkeit. Wenn mein Großvater am Morgen aus der Grube heimkehrte, saßen wir noch in der Küche vor dem Radio. Er kam zu uns herüber und schwenkte seine Hand über dem Holzkasten des Empfängers. Augenblicklich versackte die Musik in einem außerirdischen Knacken und Rauschen. Nahm er die Hand vom Kasten, verschwand der Spuk und der *Bayerische Rundfunk* kehrte zurück. Wir waren beeindruckt, und er lachte. Ich erinnere mich auch des bedrückenden Gefühls, das ich angesichts dieser unsichtbaren Kräfte empfand, wenn mein Großvater mir gütig seine Hand auf den Scheitel legte.

In der Tiefe war der Raum, der vor unseren Augen herausgeschleudert oder abgepumpt wuchs zum Abraum, zur Halden-Landschaft. „Eine Welt im Zwang der Wünschelrute von der Antarktis bis zum Erzgebirge: Uran, Pechblende, Isotop 235! Weithinabreichende Neurose!“ Gottfried Benns *Ptolemäer* entstand 1947, der deutsche Uranbergbau hatte gerade die ersten der am Ende 220.000 Tonnen Uran aus der Erde geholt. 500 Millionen Tonnen radioaktiver Abfall blieben in Ostdeutschland zurück.

Aber auf Zwang und Neurose kamen wir nicht beim Anblick der Halden. Nur nachts, mit dem Ohr am Bettgestell, glaubte man etwas zu hören, das unter einem ging. Etwas, wie es Büchners Woyzeck, stampfend über die Erde, vernommen haben musste: „Alles hohl da unten.“ Ich erinnere mich auch an das seltsame Gefühl unter den Sohlen, wenn ich daran dachte, auf „dünnem Boden“ zu gehen.

to the next village had disappeared—excavated away, buried alive. Thuringia became the third largest uranium extraction site in the world, after sites in the USA and Canada; at the time, half a million people were employed there. The minersworked in shifts, but were paid well, had to wait less time to order their automobiles, and had a monthly ration of four bottles of brandy, duty free. 0,7 liters cost just 1.17 marks. Made inside the plant itself, the mountain workers called it “Miners’ Death.” If anything, their sense of humor was macabre, a combination of knowledge and ignorance. When my grandfather would get back home from the pit in the mornings, we’d sit in the kitchen in front of the radio. He would come over to us and wave his hand above its wooden casing and immediately the music would thin out into an otherworldly clicking and crackling. As soon as he pulled his hand away, the ghost would disappear and *Bavarian Radio* would return. We were impressed, and he would laugh. I also remember the oppressive feeling this invisible power had over me when my grandfather would affectionately place his hand upon my head.

In the distance, the space we knew—which right before our eyes had been expelled or pumped away into a tailing—had become a landscape of slagheaps. “A world subjected to the force of a dowsing rod stretching from the Antarctic to the Erz Mountains: Uranium, Pitchblende, Isotop 235! Those neuroses reaching deep into the ground!” By the time Gottfried Benn’s *Ptolemaist* was published in 1949, East German uranium mining had already managed to extract the first of 220,000 tons of uranium from the earth. In the end, 500 million tons of radioactive waste was to remain behind in East Germany.

Was unser Leben sicher nicht auszeichnete, war anregende Geselligkeit. Zur Ruhe kommen, „inne werden“ – das musste niemand an unserem Tisch. Man war *innen*. Oft schienen die Gespräche nicht wirklich zum Austausch bestimmt. Das Gesagte drang wie von fern ans Ohr des in seinem Müdesein Versunkenen, ein Kontaktlaut, wie ihn große Tiere unter Wasser aussenden, um sich gegenseitig ihre Position mitzuteilen. So war niemand wirklich allein. Und die Müdigkeit war ein bergendes Etui. Man war mit sich und bei den Dingen, aber ohne sie deshalb schon besser zu begreifen, nur ähnlich abgeschlossen, jenseits des äußeren Lebens. In dieser „Müdseligkeit“ nahm, so scheint es mir heute, eine besondere und wie selbstverständliche Nähe zu den Dingen ihren Ausgang, das Gefühl einer verborgenen Verwandtschaft. Die für die Anschauung der Welt, für ihre alltägliche Auffassung, angenommene Dualität von Subjekt und Objekt war von Kindesbeinen an irritiert. Ich vermute, dass gerade das zu der für mich später mitunter quälenden Schwierigkeit beitrug, einen Gegenstand kurzerhand vorauszusetzen, ihn anzunehmen und von dort aus *über ihn* zu sprechen – oder zu schreiben. Ich fühlte mich nicht im Besitz dieses Vorsprungs, den die dazu vorhandenen Begriffe und Namen suggerierten.

Als ich mit dem Schreiben begann, stellte ich mir eine Art „Wörterbuch des diffusen Daseins“ vor, nach und nach sollte eine lexikalisch geordnete Poetik entstehen, ausgehend von sogenannten „spezifischen Häufungen“ wie *Abwesenheit*, *Müdigkeit* und *Schwere*. Abwesenheit, Müdigkeit und Schwere prägten diese Zeit. Wahrnehmungszustände der Kindheit, die später wie affine Medien wirken, in denen man die Welt am unmittelbarsten zu spüren vermeint. Deshalb werden daraus Textqualitäten, präpoetologische Axiome, wenn man will, von Kindesbeinen an.

But we didn't think about force or neuroses when we looked at the slag heaps. It was only at night, with an ear to the bed frame, that you thought you could hear something moving under the earth. Something like what Büchner's Woyzeck must have heard when he stamped the ground and said: "It's all hollow down there." I can remember the strange feeling under my soles when I thought I was walking across particularly thin ground.

Our lives were clearly not marked by any particularly inspiring sociability. To quiet down, to retreat inside for "a moment of reflection"—no one had to do that at our table. We were *inside*. Often our conversations did not really seem as if they were made for true exchange. What was said came as if from afar to the ear of those sunk into their tiredness, like the contact call that underwater animals make in order to announce their location to others. That way no one was truly alone. And the tiredness was a protective skin of sorts. You were among others and with things, but without getting to know them any better; you remained self-contained, somewhere beyond external life. And it was within this "tiredness"—so it seems to me today—that a particular and almost self-evident closeness to things, the feeling of a secret relationship, began. Already in childhood the assumed duality of subject and object for the perception of the world, for its daily conception, had been disrupted. I imagine that is precisely what led me later to the rather tortuous difficulty of being able to presume what a subject was, embrace it and then speak *about it*—or, at least to write. I didn't feel I possessed the head start that the present concepts and names suggest.

Wenn ich heute noch einmal zurückkehre an den Tisch meiner Kindheit, an dem wir saßen und einkehrten in unsere Müdigkeiten, erinnere ich mich ebenso an die Momente, in denen wir nicht darüber friedlich wurden. Wenn mein Großvater Erich König (geboren 1908, gestorben 1987) versuchte, gegen seine Müdigkeit und die ihr nicht selten folgende Lethargie, den Kopfschmerz und das Schwindelgefühl anzustehen und alles abzuschütteln, war dazu die Energie eines cholerischen Ausbruchs nötig. Gern bot das Essen selbst den Ausgangspunkt. Noch ehe davon gekostet worden war, brüllte er etwas von „zu wenig Salz" oder von „zu viel Salz" und fuchtelte mit dem Messer gegen meine Großmutter, die links von ihm am Tisch saß – der Platz, der dem Herd am nächsten lag. Wenn der Ausbruch eskalierte, mein Großvater also nicht mehr in der Lage war, sich zu beruhigen, kündigte er an, sich jetzt sofort umbringen zu wollen. Im Schweinestall fand er den Saustrick, den er dazu benutzen wollte. Das Ganze geschah zwei oder drei Mal im Jahr, davon einmal regelmäßig, das war zu Weihnachten. Am ersten Feiertag kam es vor, dass mein Großvater zuerst das Geschenk meiner Großmutter zerstörte (einmal war das ein schöner, schwerer Schreibtisch, den er mit großer Mühe allein vor die Tür in den Hof schleppte und dort zu sauberen Scheiten zerhackte), um dann – wie angekündigt – daran zu gehen, sich umzubringen. Der Baum, den er dazu auserkoren hatte, war die Eiche, die sein eigener Großvater Eduard (geboren 1846, gestorben 1910) als Friedenseiche zum Ende des Deutsch-Französischen Krieges 1871 gepflanzt hatte. Entweder hatte mein Großvater tatsächlich vergessen, dass die unteren Äste dieses hochaufgeschossenen Baumes längst in einer unerreichbaren Höhe lagen oder er wusste zu genau, dass seine von ihm gescholtene Frau unter Mithilfe der ganzen Familie, die ihm aufgeregt und wie in einer Prozession folgte auf seinem Weg zum Stall und vom Stall zum Baum, ihn spätestens vor

When I began to write, I imagined a kind of "Dictionary of Diffused Being." Little by little a lexically ordered poetics was supposed to develop, emanating from so-called "specific clusters" like *Absence*, *Tiredness* und *Heaviness*. Absence, tiredness and heaviness marked that time. Childhood states of perception that later have the effect of affine media in which you think you can more directly feel the world. And childhood, again, is where the qualities of the text arrive from, pre-poetological axioms, if you will.

Today, when I return to the table of my youth, where we would sit and stop for a moment in our tiredness, I also have to think of all the moments we weren't particularly at peace. When my grandfather, Erich König (born in 1908, deceased in 1987), would try to shake off his tiredness and its rarely unrelated lethargy, headaches and dizziness, he usually required the energy of an explosive outburst. A meal was often the point of departure. Even before he'd had anything, he'd grumble something about "too little salt" or "too much salt" and wave about with his fork in my grandmother's direction, which was to the left of him—the place closest to the stove. When his outburst grew in intensity and my grandfather was no longer able to calm down, he'd announce that he wanted to kill himself. Out in the pig stalls there was the rope that he'd use to do it. This would happen two or three times a year, but one time in particular was a regular occurrence, and that was Christmas. On the first day of the holidays, my grandfather would first destroy whatever gift he had for my grandmother (once it was a beautiful, heavy desk; he managed to bring it downstairs all by himself and out in front of the door to the courtyard where he then proceeded to chop it into neat little pieces), only to then—as announced—go and kill himself. The chosen tree was the oak his own

der Einfahrt mit der Eiche überredet haben würde, sich nicht umzubringen und stattdessen doch lieber mit allen gemeinsam wieder ins Haus an den Tisch zurückzukehren.

Müde Dörfer – welcher Wohlklang der Beschreibung für die Wirkung niedrigdosierter, andauernder Strahlenbelastung, gegen die kein Kraut gewachsen war und gegen die ich selbst in den heldenhaftesten Schlachten meiner Phantasie kein Geschütz hätte auffahren können. Von denen, die im Uranbergbau waren, wurde selten jemand älter als sechzig Jahre. Schaut man genauer auf die Uranprovinzen Ostdeutschlands, zum Beispiel auf die schon in den achtziger Jahren erwiesenen Häufigkeiten von Blutkrankheiten und Krebs bei den Leuten, erscheint die Diskussion um Castor-Transporte und Endlagerstätten in einem seltsamen Licht.

Der inzwischen zur Sanierungsfirma mutierte Bergbaubetrieb behielt seinen unter der Stalin-Administration eingeführten Decknamen „Wismut“. Im Jahr 2000 waren Teile des Halden-Szenarios Bestandteil der deutschen Weltausstellung Expo, und 2007 schließlich legte sich die Bundesgartenschau mit ihrer guten dunklen Muttererde über die Wunde. Ein Schaubergwerk wurde errichtet, die tatsächlichen Stollen, die sich über eine Länge von über tausend Kilometern durch das Erdreich ziehen, sind aus Strahlenschutzgründen gesperrt. Wo 1666 die Bad Ronneburger Urquelle mit dem strahlenden Heilwasser entdeckt worden war, steht ein Glaspavillon zur Besichtigung bereit. Die mit dem Bergbau verschwundene Quelle ist noch nicht wieder aufgetaucht.

Inzwischen ist bekannt, dass überall dort, wo die Navajo-Indianer Nordamerikas seit Jahrhunderten ihre heiligen Bilder aus Sand, gemahlenem Mais und zerstoßenen Blüten legten, Uranerz in der Erde war. Das heilige Land, wo seit

grandfather Eduard (born 1846, deceased 1910) had planted as a freedom oak at the end of the Franco-Prussian War of 1871. Either my grandfather had really forgotten that the lowest branches of that great tree had long been at such an unreachable height, or he knew all too well that the wife he had scolded would get help from the entire family and, as if in procession, follow him to the stalls, from the stalls to the tree and, at the latest, in front of the driveway with the oak, would have talked him out of killing himself and instead talked him back into coming inside to join everyone else around the table.

Tired villages—what a beautiful way to describe the effect of low doses of constant radiation, which is why there were no weeds and which is also why, even in the most glorious battles of my imagination, I could not protect myself. Of those who worked in the uranium mines, very few made it past sixty. When one looks a little more closely at the uranium producing parts of East Germany—for example, at the high frequency of blood disease and cancer, which had already begun to be noticed in the 1980s—discussions of castor transports and disposal sites appear in a rather strange light.

The former mining company—today a restoration company—is, however, still known by the cover name it once received from the Stalin administration: "Wismut." In the year 2000, parts of the slagheaps made up a section of the German contribution to the international "expo" exhibit and in 2007, the National Garden Show laid its lovely and dark mother earth over the wound. A memorial mine was constructed; the actual tunnels, which wind for over 1,000 kilometers through the bowels of the earth, were closed off due to radiation concerns. A glass pavilion has already been erected where the holy Bad Ronneburger

Generationen Warnungen vor unsichtbaren Gefahren weitergegeben wurden, ist radioaktiv. Das größte Untertage-Uranbergwerk der Erde soll sich auf dem Mount Taylor befinden, dem heiligen Berg der Navajo.

Auf den Black Hills in South Dakota werden die heiligen Plätze der Sioux durch den Uranbergbau zerstört. Generationen von Ureinwohnern, Navajo oder Sioux, waren über Land gezogen und hatten genau diese Plätze gefunden für die Beschwörung ihrer Geister. Auch unter den Feldern rund um Ronneburg lag das strahlende Gestein, nur mussten wir diesen Platz nicht suchen, wir waren schon da. Warum sollte die Trance-Qualität solcher Gegenden uns weniger betroffen haben? Einer macht ein Mandala, der andere ein Gedicht.

spring waters were discovered in 1666. As to the spring itself, it disappeared with the construction of the mine and has never been seen again.

In the meantime, it is a well-known fact that wherever the Navajo Indians of North America built their holy images out of sand, ground maize, and crushed blooms, uranium was to be found in the earth. The holy land—where for generations there had been warnings about invisible dangers—was radioactive. The largest underground uranium mine on earth is supposed to be in Mount Taylor, the Navajo's holy mountain. In the Black Hills of South Dakota, uranium mining destroyed the Sioux's holy sites. Generations of native people, Navajo or Sioux, had travelled across the country precisely to find those very places for the invocation of their spirits. The shining stone was also present in the fields around Ronneburg, but we had never had to seek out the place; we were already there. Why should the trance-like quality of such places not have affected us just as strongly? One person makes a mandala, another person a poem.

VIII

INDEX

B(LENDE)

1–11

Pechblenden, AMNH
Autoradiography
American Museum of Natural History, New York City, 2015
Sample: C 59072, Uraninite, Saxony, Germany
School of Minerals, Egleston Collection, Presented by A. H. & C. T. Barney, Columbia College N.Y.C.

2–3

8 days in 2015
half-life 4.5 billion years

Test 1 was made in the photo laboratory of the American Museum of Natural History, New York City, supported by Jamie Newman, Senior Scientific Assistant, Minerals and Gems. Test 1 began on November 25, and ended on December 8, 2015.

4–5

3 days in 2015
half-life 4.5 billion years

Test 2 ran from December 8, 2015, until December 22, 2015, in the photo laboratory of the American Museum of Natural History, New York City. Test 2, 1/4 ended on December 11, 2015, at 3 p.m.

6–7

7 days in 2015
half-life 4.5 billion years

Test 2, 2/4 ended on December 15, 2015, at 11 a.m.

8–9

10 days in 2015
half-life 4.5 billion years

Test 2, 3/4 ended on December 18, 2015, at 11.30 a.m.

10–11

14 days in 2015
half-life 4.5 billion years

Test 2, 4/4 ended on December 22, 2015, at 10.30 a.m.

12–13

Author: Lutz Seiler
pech & blende / pitch & blende
2000
Frankfurt am Main: Suhrkamp Verlag 2000.
Translation by Alexander Booth, 2015.

14–15

Pechblenden, MfN
11 days in 2016
half-life 4.5 billion years
Samples of pitchblende from Schlema, Hartenstein, Aue-Alberoda, Schneeberg / Germany
Collection of the Museum für Naturkunde, Berlin.

Test 3, (left to right, top to bottom) Sample 1999_0505, 2002_7869, 2002_7856, 2002_7881, 2013_04453, 2002_7877, 2002_7880, 2002_7879, 2009_00609
Tests began on January 7, 2016 and ended on January 18, 2016. Tests were made in the basement of the Museum für Naturkunde, Berlin.
Supported by Dr Ralf Thomas Schmitt, Museum für Naturkunde, Leibniz-Institute for Evolution and Biodiversity Science, Berlin.

16–24

Pechblenden, MfN
7, 14, 21, 28, 35, 42, 49, 56 days in 2016
half-life 4.5 billion years
Autoradiography
Museum für Naturkunde, Berlin
Hartenstein / Germany

Test 4, 1/8–8/8
Sample 1999_0505
Test began on March 18, 2016, when the exhibition *Pechblende (Chapter 1)* at Ernst Schering Foundation, Berlin, opened. It ended on May 12, 2016, when the print run of this book began. Test was made in the basement of the Museum für Naturkunde, Berlin. Supported by Dr Ralf Thomas Schmitt, Museum für Naturkunde, Leibniz-Institute for Evolution and Biodiversity Science, Berlin.

A(BRAUM)

40–41

Photographer: Jan-Peter Kasper
July 17, 1997

“Diese Spitzkegelhalden unweit von Ronneburg (17.7.1997) gehören zu den Hinterlassenschaften des jahrzehntelangen Abbaus von Uranerz im sächsisch-thüringischen Raum. Rund viertausend Menschen werden derzeit von der bundeseigenen Wismut GmbH hauptsächlich bei der Sanierung der Altlasten beschäftigt. Mit ihrem Sanierungsprojekt will sich das Unternehmen bei der Weltausstellung Expo 2000 beteiligen. Im Jahr 2007 sollen Teile der Wismutregion in die Bundesgartenschau einbezogen werden.”

42–43

Photographer: Jan-Peter Kasper
November 1, 2000

“In herbstlich gefärbte Bäume getaucht sind am 1. November 2000 Teile der ostthüringischen Kleinstadt Ronneburg. Im Hintergrund erheben sich zwei Spitzkegelhalden des einstigen Wismut-Uranbergbaus. Die Sanierung und Revitalisierung der Erzbergbaufolgelandschaft in der Region war eines der dezentralen Expo-Projekte im Freistaat.”

44–45

Photographer: Jan-Peter Kasper
December 3, 2001

“Hinter kahlen Bäumen erheben sich am Montag, dem 3. Dezember 2001 nahe Ronneburg Spitzkegelhalden des früheren Uranerzbergbaus in der Abenddämmerung. Seit Beginn der Sanierungsarbeiten sind die meisten Zeugnisse des Uranbergbaus aus der Landschaft verschwunden. Von den 13 Milliarden DM, die vom Bund für dieses ökologische Großprojekt bereitgestellt wurden, sind seit Sanierungsbeginn bis Ende 2000 rund 6,7 Milliarden DM ausgegeben worden.”

46–47

Photographer: Jan-Peter Kasper
February 10, 2003

“Von leichtem Schnee bedeckt sind am Montag, dem 10. Februar 2003 zwei Spitzkegelhalden des früheren Uranerzabbaus am Rande der ostthüringischen Kleinstadt Ronneburg. Zu Jahresbeginn hatte die bundeseigene Wismut GmbH in dieser Region bereits die Abtragsarbeiten der so

genannten Nordhalde abgeschlossen. Rund 30 Millionen Kubikmeter Material sind in einen ehemaligen Uranerz-tagebau eingebracht. Insgesamt sind damit etwa 70 Prozent aller Halden der Wismut abgetragen oder umge-lagert worden."
© Jan-Peter Kasper

P(ECH)

64–67
Seelingstädt
September 21, 1960
Aerial photography
144/60,
pic. 25, pic. 89, pic. 129, pic. 130
1:12000, 20 × 18 cm
© Bundesarchiv

68
Seelingstädt
October 19, 1972
Aerial photography
C253550/72, pict. 138
1:12100, 23 × 23 cm
© Bundesarchiv

69
Seelingstädt
April 17, 1988
Aerial photography
198800, 0064
18000
© Landesamt für Vermessung und Geoinformation, Erfurt

70
Seelingstädt
May 1, 2001
Aerial photography
200104_1933
12500
© Landesamt für Vermessung und Geoinformation, Erfurt

71
Seelingstädt
April 15, 2013
Aerial photography
201304_053
32918
© Landesamt für Vermessung und Geoinformation, Erfurt

72–77
Schlema
Aerial photography

72
September 10, 1962
104–62, pict. 119
1:12000, 20 × 18 cm
© Bundesarchiv

73
March 14, 1972
C164413-72 pict. 529
1:12100, 23 × 23 cm
© Bundesarchiv

74
May 10, 1988
13302,F_168-88,Nr_271
© Sächsisches Staatsarchiv, Dresden

75
May 18, 1993
schlema_1993_16_22, flight number 2/93
C164413-72 pict. 529
1:16000
© Staatsbetrieb Geobasisinformation und Vermessung Sachsen, Dresden

76
September 3, 2002
2002_DOP (Digital Ortho Photo), image 44/14, 44/15, 44/16
1:16000
© Staatsbetrieb Geobasisinformation und Vermessung Sachsen, Dresden

77
July 21, 2013
2013_DOP, image number: 7/07_0015 bis 7/07_0024, 8/08_0015 bis 8/08_0024
© Staatsbetrieb Geobasisinformation und Vermessung Sachsen, Dresden

T(OOLS)

90–103
Tools (boot, bottle, drill pits, helmet, Geiger counter)
January 22, 2016
Photograms, 20 × 25 cm, exposed in darkroom by smartphone camera flash
All tools kindly provided by Museum Uranbergbau, Bad Schlema.

F(ISH)

120, 122–123
Inside the fish, a "hot" supper.
1946
Radioautography
The Office of the Historian Joint Task Force One: Operation Crossroads. The Official Pictorial Record. New York: Wm. H. Wise & Co., Inc. 1946, p. 216.

"Radioactive algae. These 'radioautographs' were made by placing the subjects on a photographic film overnight. They suggest Becquerel's 1896 discovery of radioactivity when a key left near some uranium-bearing pitchblende ore similarly 'took its own picture' on a piece of film."

121
Inside the fish, a "hot" supper.
1946
Radioautography
The Office of the Historian Joint Task Force One: Operation Crossroads. The Official Pictorial Record. New York: Wm. H. Wise & Co., Inc. 1946, p. 216.

"This Puffy Surgeon Fish has gorged itself heavily on radioactive algae, the common seaweed of the Bikini Lagoon. The plant itself had previously absorbed radioactive fission products deposited in the water by the atomic bomb. Radioactivity of the plants will last a long time, is not affected by passing into the fish's stomach. Previous similar dinners already digested and distributed about his body are revealed by the radioactivity of regions in the neighborhood of nose and eyes. The fish was not killed by the radioactivity, it being apparently

true that the more elemental the form of life, the less it is affected by radiation."

124 above
Localization of polonium in kidney
Left: Stained thin section, 8 x.
Right: Corresponding alpha-ray pattern, 8 x.
1949
Radioautography
Yagoda, Herman: *Radioactive Measurements with Nuclear Emulsions*. New York: John Wiley & Sons 1949, p. 204. Fig. 40.

"The influence of polonium on the formation of antibodies and its tolerance dosage have also been determined with the aid of autoradiographic methods. Microscopic examination of the alpha-ray patterns shows that polonium is not distributed uniformly throughout a particular organ but that it tends to segregate within fine capillary structures of the reticulo-endothelial system. The localized segregation of polonium in kidney is exhibited by the macro prints here."

124 below
Localization of radioiodine in unstained tissue
1949
Example of stripping-film technique of autoradiography described by Pelc. Contrast phase microscopy; 35 × magnification. Courtesy of S. R. Pelc.
Yagoda, Herman: *Radioactive Measurements with Nuclear Emulsions*. New York: John Wiley & Sons 1949, p. 204. Fig. 40.

"The thin section is spread in a petri dish on water at 42 °C. When the ribbon is smooth the small dish is placed in a large bowl of cool water illuminated with a red light and the section is floated onto a 2 × 2-in. Lantern-Slide plate. After 24 hours, when the unit is dry, the paraffin is removed with xylol and the exposure is continued for a sufficient period as indicated by a Geiger counter. After development, fixation, and washing the plate is stained with Harris' hematoxylin solution by the following route: Overstain → wash → acid water → wash → alkaline water → wash → counterstain with eosin.

The stained preparation is dehydrated in alcohols, cleared in xylol, and mounted in clarite or balsam. Evans cautions on the use of ferric alum as a differentiating agent after hematoxylin staining, as the reagent reduces the intensity of the silver deposit. Its application is serviceable only when the photographic image is too dense from overexposure. The developed silver grains in nuclear-type emulsions are particularly sensitive to acid solutions owing to their fine state of division. It is good practice to test the staining solutions for silver solvents by running a trial alpha-ray-exposed emulsion through the staining procedure."

125
Authors: Masamichi Kagaya, Satoshi Mori
Snake
Namie (08/2012), 30 km from plant
Radiation Level: 1500 cpm
24 hours, (26, December 2012)
© Masamichi Kagaya and Satoshi Mori (University of Tokyo)

"This snake was caught between Namie Town and Iitate Village in Fukushima

Prefecture. The autoradiograph was taken after skinning the underside and drying the snake for four months. We can find some external exposure from the head to the neck, but the majority of the contamination is in the muscles. The contamination is particularly concentrated in the muscles around the neck and the tail. This snake was the most contaminated among the animals collected so far."

126

Neutron radiograph of a frog (AEC-72-9311)
1935–66
Radioautography
U.S. Atomic Energy Commission, Office of Information Services, Washington, D.C. 20545,
The National Archives Washington D.C.

"The Atomic Energy Commission's Oak Ridge National Laboratory (Tenn.) neutron radiograph facility, making use of the neutron flux of the Oak Ridge Research Reactor, takes pictures by neutron transmission much as X-ray machines do with gamma rays. Whereas X-rays are stopped by bone structure, however, the neutrons' selectivity permits a delineation of muscle tissue, as shown in this picture of a frog.
The 'camera' is used extensively in nondestructive testing of nuclear fuel elements, being able to show the physical characteristics before and after their use in a reactor (Oak Ridge National Laboratory)."

127

Rats (RG 434-LB)
1935–66
Radioautography
General records of the department of energy, I-XBD_200908-0073I, Photographs Documenting Scientists, Special Events, and Nuclear Research Facilities, Instruments, and Projects at Berkeley Lab, Bulk 1935–66 Period
The National Archives Washington D.C.

128–129

Polished sections of wood contaminated by radioactive detonation products
1949
Radioautography
Yagoda, Herman: *Radioactive Measurements with Nuclear Emulsions*. New York: John Wiley & Sons 1949, p. 214.

"Localization of traces of plutonium in the presence of its fission products. The visual contrast between the tracks and the fog is greater than indicated in the static photomicrograph, as the steep tracks can be followed through the gelatin layer by altering the focal plane.
The plutonium isotope of mass 238 has a half-life of 50 years and can be employed advantageously in tracing the course of the more stable Pu atoms in biological systems. The nuclear-type emulsions are particularly useful in detecting and localizing plutonium when in admixture with its fission products. The fission products decay by beta-particle tracks, as shown by the study."

F(ISSION)

162–167

1947
Autoradiography, photo-micrography
Powell, C. F. and G. P. S. Occhialini: *Nuclear physics in photographs. Tracks of charged particles in photographic emulsions.* Oxford: Clarendon Press 1947.

162
'Explosive' disintegration of a nucleus

"Disintegration of a nucleus, probably of silver, by a cosmic ray particle. The energy of the particle producing the disintegration must have been about 1,000 MeV. The tracks of seven protons, five α-particles, and a number of heavier nuclear fragments can be distinguished. Most of the particles pass out of the emulsion, into the glass or out of the surface, so that their range, and hence their energy, cannot be determined accurately."

163
Disintegration of a heavy nucleus

"Disintegration of a nucleus, probably of silver or bromine, by a cosmic ray particle. Four α-particles, of total energy 64 MeV., are ejected, two of them with nearly equal energy, in opposite directions. It is not possible, at present, to state the nature of the primary particle producing the disintegration. The track of short range, directed from the nucleus in the direction of the arrow, has an exceptionally low grain-density. The particle producing it has not been identified."

164
Explosive disintegration of a nucleus

"Mosaic of photo-micrographs of the 'explosive' disintegration of the nucleus of a silver atom by a cosmic-ray particle of great energy. The tracks of twenty-five fragments can be distinguished under the microscope, including those of protons, α-particles, and heavier nuclei. Many of the tracks 'dip' steeply and end in one of the surfaces of the emulsion."

165
Radiothorium stars

"In this case, instead of allowing the α-particles to enter the emulsion from a point on its surface, the radio-active material has been incorporated in the emulsion by a 'bathing technique'. The plate was soaked in a solution of thorium acetate in water (1 per cent by weight) for 10 minutes, washed in running water for 1 min., dried, and left in the dark for 3 days. It was subsequently washed and developed. Such processed plates are found, under microscopic examination, to be full of 'radiothorium stars'. Each star is produced by the successive decay of an original nucleus of radiothorium. In some cases it can be seen that the tracks do not diverge precisely from a point. This is due to the fact that when an α-particle is emitted, the residual nucleus recoils as in the case of a shot from a gun. The recoil nuclei are sometimes referred to as α-particles. Their energy is low and their range so short that the changes in the points of origin of the different α-particles are difficult to detect. The prominent star shown was chosen for photography because, by chance, all four tracks lie nearly in a plane

parallel to the surface of the emulsion. By measuring the length of the individual tracks in the star we can determine the parent nucleus from which each α-particle was emitted and hence the order in which they were produced. It will be noticed that the image of other tracks, out of focus, can be seen."

166
Fission tracks

"Examples of tracks produced by the fission of U by slow neutrons. The uranium was introduced into the plate by a bathing technique, using a solution of uranium citrate. It is not possible, in general, to decide the point along the track at which the fission occurred and thus to determine the ranges of the individual fragments. It will be seen that in a number of cases one of the fission fragments has collided with a nucleus in the emulsion so that a forked track has been produced. In case (d) the two tracks arising from such a collision are nearly at right angles. This probably corresponds to a collision with a silver nucleus, mass number 109, some of the fission fragments having mass numbers nearly equal to this value."

167
Disintegration by particles of great energy

"Disintegrations produced by particles generated by the 184-in. synchro-cyclotron of the University of California. In the right-hand photograph the track of the particle producing the disintegration cannot be distinguished, but it was probably a deuteron of energy about 160 MeV. The parallel tracks of other particles, probably α-particles of energy 320 MeV., can be seen. In the photograph on the left, the track of the primary particle is marked d and can be more clearly seen by inclining the page to bring the grains in the track into the line of sight."

C(HAPTER 1)

182–191
Pechblende (Chapter 1), Library for Radioactive Afterlife Photographers: Julia Zimmermann, Susanne Kriemann
Installation views Schering Stiftung, Berlin, March 17 until June 5, 2016. Courtesy Susanne Kriemann, RaebervonStenglin, Zürich, and Wilfried Lentz, Rotterdam
© Schering Stiftung, Berlin

Christina Landbrecht ist Wissenschaftliche Mitarbeiterin am Exzellenzcluster Bild Wissen Gestaltung der Humboldt-Universität zu Berlin. Im Rahmen ihrer Dissertation untersucht sie wie und warum die Laborwissenschaft zum Ort der (kritischen) Inspiration von Künstlern und Kuratoren avancierte. Von 2009 bis 2012 war sie kuratorische Assistentin an der Berlinischen Galerie. Als Bildkritikerin ist sie regelmäßig zu Gast bei *Deutschlandradio Kultur* und *Radio Eins*. Seit 2015 arbeitet sie mit Niche Berlin, Valerie Chartrain, Miriam Stoney und Rosario Talevi an *L'Espace Féminin*, einem langfristigen Recherche- und Ausstellungsprojekt zur Raumpraxis zeitgenössischer Architektinnen.

Friederike Schäfer ist Kunsthistorikerin und arbeitet am Exzellenzcluster Bild Wissen Gestaltung der Humboldt-Universität zu Berlin. Für ihr Dissertationsvorhaben „Claiming Spaces. On the Artistic Production of Places in Flux" erhielt sie u. a. ein Stipendium des Bard Graduate Center (NYC). Zuvor war sie für das KW Institute for Contemporary Art, Berlin, das Ausstellungsprojekt *re.-act.feminism #2 – a performing archive* und die dOCUMENTA (13) tätig. Als Co-Kuratorin entwickelte sie das Forschungs- und Ausstellungsprojekt *Das Schwarm-Prinzip. Performative und politische Schwärme in der Kunst* (NGBK, Berlin, und Kunstverein Harburger Bahnhof, Hamburg).

Heike Catherina Mertens ist Kuratorin und geschäftsführender Vorstand der Schering Stiftung, wo sie seit 2007 das Kulturprogramm leitet und zu zeitgenössischer Kunst an der Schnittstelle zur Wissenschaft publiziert. Neben ihrer Stiftungstätigkeit lehrt sie regelmäßig im Rahmen des Weiterbildungsprogramms „Kuratieren" an der Universität der Künste Berlin und ist u. a. Mitglied im Hochschulrat der Hochschule für bildende Künste Hamburg. Bis 2007 arbeitete sie als freie Kuratorin – vorrangig für Kunst im öffentlichen Raum – und leitete den von ihr gründeten Verein stadtkunstprojekte, der temporäre und dauerhafte Kunstprojekte im Stadtraum realisierte, u. a. das Berliner Badeschiff.

Jayne Wilkinson ist Autorin, Redakteurin und Kuratorin. Zurzeit lebt sie in Toronto, wo sie als Direktorin/Kuratorin des Prefix Institute for Contemporary Art sowie als Herausgeberin und Redakteurin der Zeitschrift *Prefix Photo* arbeitet. Seit ihrem Abschluss in Kunstgeschichte und Kritischer Theorie an der University of British Columbia (Vancouver) konzentriert sich ihr Forschungsinteresse auf die Ästhetik und Politik zeitgenössischer fotografischer Praktiken und insbesondere auf das Wechselverhältnis von Sichtbarkeit und Verdunkelung im Überwachungsstaat. Ihre Texte wurden in zahlreichen Kunstzeitschriften wie *C Magazine*, *Drain Magazine* und *Prefix Photo* veröffentlicht.

Jussi Parikka ist Professor an der Winchester School of Art der University of Southampton, England. Er befasst sich in seiner Arbeit kritisch mit der Netzwerkkultur, Ästhetik und Medienarchäologie im digitalen Zeitalter. Er hat unter anderem die dreibändige Medienstudie *Digital Contagions* (2007), *Insect Media* (2010) und *What is Media Archeology* (2012) veröffentlicht. In deren Folge erschien 2015 das Buch *A Geology of Media* zu den Umweltkontexten der technischen Medienkultur. Zuletzt hat er (2015, mit Joasia Krysa) den Band *Writing and Unwriting (Media) Art History* über den finnischen Medienkunst-Pionier Erkki Kurenniemi herausgegeben.

Lutz Seiler, geboren 1963 in Gera (Thüringen), ist Schriftsteller und lebt heute in Wilhelmshorst bei Berlin und in Stockholm. Er war Writer in Residence der Villa Aurora in Los Angeles sowie Stipendiat der Villa Massimo in Rom. Zuletzt erschienen der Erzählband *Die Zeitwaage* (2009), der Gedichtband *im felderlatein* (2010) und der Roman *Kruso* (2014). Für sein Werk erhielt er u.a. den Bremer Literaturpreis (2004), den Ingeborg-Bachmann-Preis (2007), den Uwe-Johnson-Preis (2014), den Deutschen Buchpreis (für *Kruso* 2014) und den Marie Luise Kaschnitz-Preis (2015).

Susan Schuppli ist eine in London lebende Künstlerin und Forscherin. In ihrer Arbeit untersucht sie materielle Evidenzen aus Konflikten, Kriegen und Umweltkatastrophen. Ihre Projekte wurden in vielen Ländern Europas, Asiens, Kanadas und der USA ausgestellt. Sie hat umfangreich zum Themenbereich Medien und Politik publiziert und das demnächst erscheinende Buch *Material Witness* (MIT Press) verfasst. Sie ist Senior Lecturer und Deputy Director des Centre for Research Architecture am Goldsmiths, London, und war zuvor Senior Research Fellow des Projekts *Forensic Architecture* an derselben Institution. 2016 wurde sie mit dem ICP Infinity Award ausgezeichnet.

Susanne Kriemann, geboren 1972 in Erlangen, lebt als Künstlerin in Berlin. In ihrer Arbeit befasst sie sich mit Problemen der Geschichtsschreibung, des Archivwissens und den Verbindungen zwischen Kunst, Literatur, Labor und Archäologie. Ihre Werke wurden international ausgestellt, etwa am Künstlerhaus Stuttgart, in der Kunsthalle Winterthur, im Arnolfini in Bristol und am 21er Haus in Wien. Sie hat zahlreiche Bücher veröffentlicht, darunter *Ashes and Broken Brickwork of a Logical Theory* (2010), *Het Licht/The Light* (2012), *A Silent Crazy Jungle Under Glass* (2012), *Ray* (2014) und *Duskdust* (2016). Sie war zuletzt Gastdozentin an der Parsons School of Design der New School in New York. Zudem ist sie an der Jan Van Eyck Academie in Maastricht als Beraterin für Künstlerinnen und Künstler sowie als Forscherin tätig.

Werner Bräunig, geboren 1934 in Chemnitz, gestorben 1976 in Halle/Saale, war Schriftsteller. Als „schreibender Arbeiter" war er u. a. im Uranbergbau der Wismut-AG beschäftigt. 1965 wurde auf dem 11. Plenum der SED ein Vorabdruck aus dem Romanprojekt *Rummelplatz* so heftig angegriffen, dass er den Roman, der unter anderem den Uranbergbau der Wismut-AG zum Thema hat, nicht beendete. Wichtigste Veröffentlichungen: *Prosa schreiben* (Essays, 1968), *Gewöhnliche Leute* (Erzählungen, 1969, erweiterte Ausgabe 1971), *Städte machen Leute* (Reportage, 1969), *Ein Kranich am Himmel. Unbekanntes und Bekanntes* (1981), *Rummelplatz* (Roman, 2007).

Christina Landbrecht is a research associate at the Cluster of Excellence: Image, Knowledge, Gestaltung at the Humboldt University in Berlin. Within the framework of her dissertation, her research explores the advancement of the laboratory as a place of (critical) inspiration for artists and curators. From 2009 to 2012, she was the curatorial assistant at the Berlinische Galerie. She is a regular guest on *Deutschlandradio Kultur* and *Radio Eins* for their segment "Bild der Woche" ("Image of the Week"). Since 2015, she has worked at Niche Berlin in collaboration with Valerie Chartrain, Miriam Stoney, and Rasario Talevi on *L'Espace Féminin*, an ongoing research and exhibition project concerning the spatial praxis of contemporary female architects.

Friederike Schäfer is an art historian currently working at the Cluster of Excellence: Image, Knowledge, Gestaltung at the Humboldt University in Berlin. For her dissertation project, "Claiming Spaces. On the Artistic Production of Places in Flux," she received a scholarship from Bard Graduate Center in New York City. She has previously worked for the KW Institute for Contemporary Art (Berlin), as well as on the exhibition project *re.act.feminism #2 – a performing archive* and dOCUMENTA (13). As co-curator, she developed the interdisciplinary research and exhibition project *Das Schwarm-Prinzip. Performative und politische Schwärme in der Kunst* (NGBK, Berlin, and Kunstverein Harburger Bahnhof, Hamburg).

Heike Catherina Mertens is a curator and managing director of the Schering Stiftung. She has served as head of the foundation's cultural program since 2007 and has published extensively on the intersections of contemporary art and science. Alongside her work at the foundation, she regularly teaches at the Berlin University of the Arts as part of the further education program "Curating." She is also a member of the University Council (Hochschulrat) of the Hamburg University of Fine Arts. Since 2007, she has worked as a freelance curator—primarily for public art—and previously served as the director of the stadtkunstprojekte, an association she founded that implemented temporary and permanent art projects around Berlin, including such projects as the Berliner Badeschiff.

Jayne Wilkinson is a writer, editor, and curator based in Toronto, where she is currently director / curator of Prefix Institute of Contemporary Art and editor / publisher of *Prefix Photo* magazine. She holds an M.A. in Art History and Critical Theory from the University of British Columbia (Vancouver), and her research interests focus on the aesthetics and politics of contemporary photographic practices, with specific attention to the interaction of visibility and obscurity in the surveillance state. Her writing has been published in numerous art journals and magazines including *C Magazine*, *Drain Magazine*, *Prefix Photo* and others.

Jussi Parikka is Professor at the Winchester School of Art, University of Southampton. His books address the critical understanding of network culture, aesthetics and media archaeology, and include the media studies trilogy *Digital Contagions* (2007), *Insect Media* (2010), and *What is Media Archaeology* (2012). His most recent text, *A Geology of Media* (2015), addresses the environmental contexts of contemporary media

culture. He also recently edited *Writing and Unwriting (Media) Art History* with Joasia Krysa (2015) on Finnish media art pioneer Erkki Kurenniemi.

Lutz Seiler, born 1963 in Gera (Thuringia, Germany), is a writer living and working between Wilhelmshorst, a suburb of Berlin, and Stockholm. He was Writer in Residence at the Villa Aurora in Los Angeles, as well as a fellow at the Villa Massimo in Rome. His recent publications include the volume of stories *Die Zeitwaage* (2009), the book of poetry *im felderlatein* (2010), and the novel *Kruso* (2015). He has received many awards for his work, including the Bremer Literaturpreis (2004), the Ingeborg-Bachmann-Preis (2007), the Uwe-Johnson-Preis (2014), the German Book Prize (for *Kruso* 2014), and the Marie Luise Kaschnitz-Preis (2015).

Susan Schuppli is an artist and researcher based in London whose work examines material evidence from war and conflict zones to environmental disasters. Her projects have been exhibited throughout Europe, Asia, Canada, and the United States. She has published widely within the context of media and politics and is author of the forthcoming book *Material Witness* (MIT Press). Schuppli is Senior Lecturer and Deputy Director of the Centre for Research Architecture, Goldsmiths and was previously Senior Research Fellow on the *Forensic Architecture* project. She is a recipient of the ICP Infinity Award, 2016.

Susanne Kriemann, born in Erlangen (Germany) in 1972, is an artist based in Berlin whose work investigates issues of historiography, archival knowledge, and the connections between art, literature, labor and archaeology. Her work has been exhibited internationally, including at the Künstlerhaus Stuttgart, Kunsthalle Winterthur, Arnolfini Bristol, and 21er Haus, Vienna. She has published numerous books including *Ashes and Broken Brickwork of a Logical Theory* (2010), *Het Licht / The Light* (2012), *A Silent Crazy Jungle Under Glass* (2012), *Ray* (2014), and *Duskdust* (2016). She was recently a visiting scholar at Parsons The New School of Design (New York) and is an artist advisor and researcher at the Jan Van Eyck Academie, Maastricht.

Werner Bräunig, born in Chemnitz (Germany) in 1934, was an author and a "writing worker," who worked in the uranium mines of the Soviet-owned Wismut-AG company. In 1965, an advance copy of his novel *Rummelplatz (Fairground)* was so severely offensive to the East German censorship authorities that the novel, whose main topic deals with the uranium mines owned and operated by Wismut-AG, could not be published. Werner Bräunig died in 1976 in Halle (Germany) at age 42. His notable publications include the collection of essays *Prosa schreiben* (1968), the collection of stories *Gewöhnliche Leute* (1969, expanded edition 1971), *Städte machen Leute* (reportage, 1969), *Ein Kranich am Himmel. Unbekanntes und Bekanntes* (1981), *Rummelplatz* (novel, 2007).

Susanne Kriemann
(P)ech (B)lende
Library for Radioactive Afterlife

Dieses Buch erscheint anlässlich der Ausstellungen von Susanne Kriemann *Pechblende (Prolog)* im Prefix Institute of Contemporary Art, Toronto, und *Pechblende (Kapitel 1)* in der Schering Stiftung, Berlin.

This book is published on the occasion of Susanne Kriemann's exhibitions *Pechblende (Prologue)* at Prefix Institute of Contemporary Art, Toronto, and *Pechblende (Chapter 1)* at Ernst Schering Foundation, Berlin.

Verlag / Publisher Spector Books, Leipzig

Herausgeber / Editors Susanne Kriemann, Heike Catherina Mertens
Konzept / Concept Susanne Kriemann
Texte / Texts Christina Landbrecht, Friederike Schäfer, Heike Catherina Mertens, Jayne Wilkinson, Jussi Parikka, Lutz Seiler, Susan Schuppli, Werner Bräunig
Gestaltung / Graphic Design Studio Pandan | Ann Richter & Pia Christmann
Produktionsleitung / Production Management Isabelle Busch, Martina Schrammek
Produktionsassistenz / Production Assistance Kalie Stieda, Lisa Bönig
Englisches Lektorat / English Copy Editing Jayne Wilkinson
Deutsches Lektorat / German Copy Editing Jan Wenzel, Martina Schrammek
Übersetzung ins Englische / Translation into English Alexander Booth
Übersetzung ins Deutsche / Translation into German Herwig Engelmann

Auflage / Edition 1.000
Druck / Printing Ruksaldruck, Berlin
Schrift / Font Agipo by Radim Peško
Papier / Paper Maxioffset, Munken Polar, Munken Print white 1,5, Alster Werkdruck 1,3 Vol, Circleoffset White (This book was made with recycled printer's stock material.)

Besonderer Dank an Heike Catherina Mertens und Jayne Wilkinson für deren exzellentes Feedback beim Entstehen von *Pechblende*.
Special thanks to Heike Catherina Mertens and Jayne Wilkinson for their sound feedback throughout the making of *Pechblende*.

Mit Dank an / Many thanks to
Aleksander Komarov, Alexander Booth, Andrea Geyer, Ann Richter, Aufbau Verlag, Beat Raeber, Christina Landbrecht, Frank Weißflog, Friederike Schäfer, George Harlow, Henrik Haack, Hermann Meinel, Herwig Engelmann, Isabelle Busch, Jamie Newman, Jan Wenzel, Jan-Peter Kasper, Anne König, Jason Ditmars, Johannes Vogel, Jussi Parikka, Kalie Stieda, Lisa Böhnig, Lutz Seiler, Martina Schrammek, Matthias von Stenglin, Oxana Gourinovitch, Pia Christmann, Radim Peško, Ralf Thomas Schmitt, Suhrkamp Verlag, Susan Schuppli, Wilfried Lentz, und/and to Marcel Su und/and Vito Su Komarov, Eva und/and Hermann Kriemann.

Dieses Buch wurde ermöglicht durch die Unterstützung der Schering Stiftung, Berlin, und des Prefix Institute of Contemporary Art, Toronto. Die Recherche zur Arbeit *Pechblende* wurde gefördert durch Stiftung Kunstfonds, Bonn und die Senatskanzlei – Kulturelle Angelegenheiten, Berlin.

This publication was made possible with the support of Ernst Schering Foundation, Berlin, and Prefix Institute of Contemporary Art, Toronto. The research for the work *Pechblende* was supported by Stiftung Kunstfonds, Bonn, and Senate Chancellery – Cultural Affairs, Berlin.

STIFTUNG**KUNSTFONDS**

Der Regierende Bürgermeister von Berlin
Senatskanzlei
Kulturelle Angelegenheiten

be Berlin

Schering Stiftung / Ernst Schering Foundation
Unter den Linden 32–34
10117 Berlin
www.scheringstiftung.de

Prefix Institute of Contemporary Art
401 Richmond Street West, Suite 124
Toronto, Ontario
Canada M5V 3A8
www.prefix.ca

Spector Books
Harkortstr. 10
04107 Leipzig
www.spectorbooks.com

Vertrieb / Distribution
Germany, Austria: GVA, Gemeinsame Verlagsauslieferung Göttingen GmbH & Co. KG, www.gva-verlage.de
Switzerland: AVA Verlagsauslieferung AG, www.ava.ch
France, Belgium: Interart Paris, www.interart.fr
UK: Central Books Ltd, www.centralbooks.com
USA, Canada: RAM Publications + Distributions, Inc., www.rampub.com
Australia, New Zealand: Perimeter Distribution, www.perimeterdistribution.com
Other Countries: Motto Books SA, www.mottodistribution.com

Printed in Germany
ISBN 978-3-95905-099-9